KB065262

피터 싱어의 『실천윤리학』 읽기

세창명저산책_057

피터 싱어의 『실천윤리학』 읽기

초판 1쇄 인쇄 2018년 4월 11일
초판 1쇄 발행 2018년 4월 18일

-

지은이 김성동
펴낸이 이방원
기획위원 원당희
편집 홍순용·김명희·이윤석·안효희·강윤경·윤원진
디자인 손경화·전계숙 **마케팅** 최성수

-

펴낸곳 세창미디어
출판신고 2013년 1월 4일 제312-2013-000002호
주소 03735 서울시 서대문구 경기대로 88 냉천빌딩 4층
전화 02-723-8660 팩스 02-720-4579
이메일 edit@sechangpub.co.kr 홈페이지 http://www.sechangpub.co.kr/

-

ISBN 978-89-5586-513-4 03130

이 도서의 국립중앙도서관 출판시도서목록(CIP)은 서지정보유통지원시스템 홈페이지(http://seoji.nl.go.kr)와 국가자료공동목록시스템(http://www.nl.go.kr/kolisnet)에서 이용하실 수 있습니다. CIP제어번호: CIP2018010456

_ 이미지 출처: https://flickr.com/photos/61838152@N06/9733479438(Author: Fronteiras do Pensamento)

김성동 지음

피터 싱어의 『실천윤리학』 읽기

세창미디어
MEDIA

머리말

피터 싱어의 『실천윤리학』과 그 읽기

피터 싱어Peter Albert David Singer(1946-)는 호주의 멜버른대학교의 응용철학 및 공공윤리센터의 명예교수이고 미국 프린스턴대학교 인간가치센터의 생명윤리학 석좌교수이다. 그가 봉직하고 있는 기관들의 명칭에서 알 수 있듯이, 그는 응용철학자로서 생명윤리학에 주된 관심을 가지고 공공윤리에 대한 논의를 전개해 왔다.

우선 그의 철학에 대한 관심은 철학 그 자체에 있다기보다 응용에 있다. 그는 인간의 철학적 통찰이 인간의 삶에 어떻게 적용될 수 있으며, 그리하여 인간의 삶을 어떻게 변화시킬 수 있을까에 관심을 두고 자신의 철학적 논의를 진행하여 왔다. 그러므로 그의 철학적 논의는 이론을 지향하고 있다기보다 실천을 지향하고 있다.

그의 이러한 실천적 논의는 주로 생명윤리학에 초점을

맞추었는데, 우리가 다른 사람들에 대하여, 그리고 인간이 아닌 동물들에 대하여 어떤 태도를 가지는 것이 마땅한가에 대하여 주로 논의하여 왔다. 특히 윤리학에서 오랫동안 다루어 왔던 다른 사람들에 대한 태도를 넘어서서, 인간이 아닌 동물들에 대한 태도와 관련하여 그는 혁명적인 제안을 하였는데, 이는 동물해방 운동의 귀중한 이론적 토대가 되고 있다. 그의 이러한 입장을 대표하는 저술은『동물해방 *Animal Liberation*』(1975)이다.

하지만 그의 논의는 윤리의 영역을 이론적으로 인간을 넘어서서 동물의 영역으로까지 넓힌 데에서 끝나지 않는다. 그의 논의는 실천적으로 우리가 윤리의 영역을 나의 이웃으로 제한하는 일상적 한계를 넘어서서 지구상의 모든 이웃으로도 또한 넓혔다. 우리의 삶이 글로벌한 것처럼, 우리의 윤리도 글로벌해야 한다는 점을 그는 또한 인류에게 요청하고 있다. 그의 이러한 입장을 대표하는 저술은 그의 다른 대표논문인「기아, 풍요, 그리고 도덕 *Famine, Affluence, and Morality*」(1971)이다.

그의 책『실천윤리학 *Practical Ethics*』은 이러한 그의 사상 전반이 담긴 핵심적인 저술로서 1980년에 케임브리지대학교 출판사에서 초판이 출간되었는데, 출간 즉시 세계인의 주목을 받기 시작하였으며, 1980년대 후반에는 독일어 사용권에서 격렬한 논쟁의 대상이 되었고 심지어 1999년 프린스턴대학교에서는 취임반대 시위 또한 일어났다. 이러한 논쟁의 결과를 보완하여 이 책은 초판 발행 후 13년이 지난 1993년에 확대된 개정판이 출간되었고, 그로부터 18년이 지난 2011년에 그간의 논의와 자료들의 변화를 반영하여 재개정판이 나왔다. 우리나라에서는 이 세 판의 『실천윤리학』이 모두 황경식 교수와 필자의 공동번역으로 출간되었는데, 초판(1991)과 개정판(1997)은 철학과현실사에서, 재개정판(2013)은 연암서가에서 각각 출판되었다.

영문판이나 한글판이나 이 책은 지난 30년 이상 응용윤리학의 고전적인 입문서로서 전 세계적으로 그리고 전국적으로 사용되고 있다. 이 책의 명료한 스타일과 도발적인 논변들 때문에 전문가들은 이 책을 대학 강의를 위한 이상적인 교과서라고 일반적으로 평가한다. 그렇지만 이 책은 학문적인 훈련이 다소간 부족한 일반인들이나 인문학적 소양이 다소간 부족한 이공학도들에게는, 꼭 읽을 필요가 있지만, 접근하기가 조금 불편한 책일 수도 있다.

이번에 『피터 싱어의 「실천윤리학」 읽기』를 준비하게 된 것은 바로 이러한 필요에 대응하기 위해서였다. 첫째로, 『햄릿』을 읽지 않고 『햄릿』의 대강을 이해하기를 원하는 것처럼, 『실천윤리학』을 읽지 않고도 『실천윤리학』의 대강을 이해하기 원하는 독자들을 위하여, 이 책은 피터 싱어의 『실천윤리학』의 논의를 요약하였다. 둘째, 피터 싱어의 『실천윤리학』을 읽기를 원하지만, 서구 사상사 일반과 그들의 세밀한 논리적인 논의에 익숙하지 않아서 도움말이 필요하다고 생각하는 분들을 위하여, 피터 싱어의 『실천윤리학』의 논의를 해설하였다. 이러한 요약과 해설을 통하여 독자들은, 간접적으로 피터 싱어의 논의를 따라가 볼 수 있고, 나아가 직접적으로 피터 싱어의 『실천윤리학』을 읽으며 도움말을 얻을 수도 있을 것이다. 이 두 가지를 이 책은 목적으로 하고 있다.

하지만 이 책은 『실천윤리학』의 초판에 근거하고 있을 뿐이므로, 개정판이나 재개정판의 내용을 반영하고 있지는 않다. 추가되거나 확장된 내용을 원한다면 이 책이 제공하는 기본적인 이해에 더하여 개정판이나 재개정판을 읽기를 권한다. 추가되거나 확장된 내용을 원하지 않더라도 필자의 바람은, 이 책을 통하여 응용윤리학에 대한 기초지식을 갖추게 된 독자들이, 『실천윤리학』을 직접 읽어 응용윤리학의 더 세밀한 논의들을 즐겨 주었으면 하는 것이다.

이러한 여러 가지 사항들을 고려하여 이 책은 『실천윤리학』 초판과 장의 목차는 같지만, 장 이하의 목차는 때로 다르다. 필자가 한 장의 제목을 주제로 하여 싱어의 논의를 해설하면서 필요에 따라서는 목차를 약간 조정하였기 때문이다. 각 장의 내용이 요약되기는 할 것이지만, 그러한 논의의 맥락을 우선 짚어서 독자로 하여금 방향을 잡게 하고, 싱어의 견해를 이해하기 위한 도움말을 덧붙여, 싱어의 논의를 해설한다. 물론 이러한 과정에서 생략되는 예화들이나 논의가 있을 수밖에 없다. 이는 요약해설본인 이 책의 성격상 불가피하다.

물론 필자의 이러한 시도가 과연 예상하는 대로의 성공을 거둘 수 있을지 확신할 수는 없다. 독자들의 필요와 취향에 잘 들어맞거나 아니면 오히려 독자들의 필요와 취향을 계발할 수 있기를 기대한다. 필자는 오직 하나를, 피터 싱어의 실천 윤리 논변 속에서 독자들과 지적 향연을 함께하기를, 희망할 뿐이다.

| CONTENTS |

1장
윤리에 대하여

싱어는 『실천윤리학』의 첫 장에서 윤리인 것과 윤리가 아닌 것에 대하여 논의하고 있다. 자신이 윤리라고 생각하는 것이 무엇인지를 밝힘으로써, 앞으로의 논의의 마당을 조성하고 있는 셈이다.

싱어의 논의를 살펴보기 전에, 윤리와 도덕의 의미에 대해 예비적으로 생각할 필요가 있다. 일반적으로 "윤리"나 "도덕"은 '사람으로서 마땅히 행하거나 지켜야 할 도리나 규범'으로 이해된다. 하지만 때로 사람들은 윤리가 원만한 사회생활을 유지하기 위하여 한 개인이 사회의 구성원으로서 지켜야 할 사회적 규범이라면, 도덕은 자신의 개인적 신념이나 양심에 따라 지켜 나가야 할 개인적 규범이라고 구별하기도 한다. 싱어는 이러한 구분을 수용하지 않고 이 둘을 같은 것이라고 전제하고 논의를 진행하고 있다.

1. 친윤리, 반윤리, 비윤리

싱어가 독자들이 가장 먼저 구분하기를 원하는 것은 윤리적 기준을 가지는 사람과 그렇지 않은 사람이다. 우리는 일반적으로 윤리적인 사람과 비윤리적인 사람을 구분한다. 관습적인 윤리적 선이나 악을 행하고 사는 사람들이 있을 때, 우리는 선을 행하는 사람을 윤리적인 사람, 악을 행하는 사람을 비윤리적인 사람이라고 생각한다.

길가에서 쓰러진 사람을 발견하고 병원으로 데려가는 이를 우리는 윤리적인 사람이라고 보지만, 못 본 체하고 지나치거나 심지어 소지품을 챙겨 달아난다면 우리는 그를 비윤리적인 사람이라고 본다.

하지만 싱어가 독자에게 우선 구분하라고 요구하는 것은 윤리라는 사유방식의 **안에 있는** 사람과 윤리라는 사유방식의 **바깥에 있는** 사람이다. 즉 자신이 하는 일에 대하여 윤리적 정당화를 시도하는 사람과 정당화를 시도하지 않는 사람이다. 왜냐하면 싱어는 윤리의 한 본질이 정당화에 있다고 보기 때문이다.

아주 어린 아이들은 자기가 한 일을 정당화하지 않는다. 천진무구한 아이들은 윤리라는 사유방식의 바깥에 있는 존재들이다. 이런 점에서는 동물들도 마찬가지이다. 만약 어른이면서도 동물이나 아주 어린 아이들처럼 자신의 행동을 정당화하지 않는다면 그도 윤리라는 사유방식의 바깥에 있는 사람이다.

이제 우리의 용어를 정리할 필요가 있다. 우리가 일상적으로 비윤리라고 이야기하는 것은 싱어에 따르면 반윤리라고 이야기하는 것이 옳다. 어려움에 처한 사람을 돌보는 것은 윤리에 적합한 것이지만, 즉 **친윤리**적이지만, 그냥 지나치거나 그를 오히려 약탈하고서 온갖 핑계를 들이대는 것은 윤리에 반하는 것, 즉 **반윤리**적이다. 이러한 윤리적인 시시비비를 따지지 않는 것을 우리는 이제부터 **비윤리**라고 부르기로 하자.

싱어는 이렇게 말한다. "정당화를 시도하는 것은 그것이 성공적이든 그렇지 못하든 간에 그 인간의 행위를 비윤리성에 반하는 윤리성의 영역에 갖다 놓기에 충분하다. 반면에 어떤 사람이 자기가 하고 있는 일에 대하여 어떠한 정당화도 제시할 수 없을 때, 그가 하는 일이 비록 관습적인 도덕원칙에 일치한다 해도 윤리적 기준에 따라서 살고 있다는 그의 주장을 우리는 거부할 수 있다."(28)*

2. 개인적 정당화와 보편적 정당화

윤리는 정당화되어야 한다는 것과 더불어 싱어가 윤리의 특성으로서 아울러 강조하고 있는 것은 윤리적 정당화가 **보편적 정당화**라는 것이다. 정당화란 어떤 일이 행해진 또는 행해져야 할 이유를 설명함으로써 설명을 듣는 사람이 설명을 하는 사람에게 동의하도록 설득하는 일이다.

---

* 이 책은 싱어의 논의를 요약하고 해설하고 있지만, 때로는 싱어의 육성을 들려주기 위하여 직접 인용하기도 했다. 인용문들은 한글번역 초판에서 가져왔으며 괄호 안의 숫자는 그 페이지를 가리킨다.

싱어는 이러한 설득의 이유가 개인적 이익일 때 그것은 윤리적 정당화가 아니라고 지적한다. 사실 이러한 개인적 정당화란 달리 말하면 생물학적 정당화이다. 모든 생물은 자신의 생명을 유지하고 자손을 통하여 자신의 생명을 영속시키려는 동기를 갖기 때문이다.

윤리적 정당화란 이러한 생물학적 정당화와는 다른 것이다. 윤리적 정당화는 보통 자신의 이익이 아니라 사회적인 이익이, 모든 사람들의 이익이, 정당화의 이유가 된다. 시저의 친구였던 브루투스가 시저를 암살할 때 그에게는 자신의 친구인 시저를 죽여야만 했던 이유가 있었다. 시저가 로마공화정의 적이었기 때문이다. 이처럼 윤리적 정당화는 개인적인 이유보다 사회적인 이유를 제시한다.

이런 **사회적인 사유**를 우리는 윤리라고 부르고 **개인적인 사유**를 반윤리라고 부른다. 생물학적으로 우리는 자신의 이익에 더 큰 비중을 둔다. 하지만 사회적으로 우리는 구성원들에게 자신의 이익을 중하게 여기는 것만큼 다른 사람의 이익도 중하게 여기라고 권고한다. 자신의 생물학적 본능에만 충실하려고 할 것이 아니라 자신 외의 사람들도 충분히 고려할 때, 즉 사회적인 고려를 할 때, 우리가 사는 세계가 더 살기 좋은 세계가 될 수 있다는 것을 인류는 깨달았기 때문이다. 이렇게 보면 윤리적 삶이란 '나'만 잘 사는 법이 아니라 '우리'가 잘 사는 법이다.

이런 통찰은 역사적으로 다양한 방식으로 제시되어 왔다. 고전적인 통찰은 황금률인데, 이는 '남이 너희에게 해 주기를 바라는 그대로 너희도 남에게 해 주어라Do unto others as you would have them do unto you'라는 명제이다. 이러한 명제의 철학적인 버전은 '너의 개인적 격률maxim이 동시에 보편적 법칙universal law이 되기를 의욕할 수 있도록 그렇게 행동하라'는 칸트의 정언명령이다.

벤담이 '옳고 그름의 척도는 최대다수의 최대행복이다It is the greatest happiness of the greatest number that is the measure of right and wrong' 라고 말했을 때 의미한 것도 바로 이것이었다. 현대의 정의론자인 롤스John Rawls는 우리가 윤리적 원칙을 정할 때 '무지의 베일veil of ignorance'을 착용해야 한다고 지적했는데, 이는 자신이 어떤 사람인지 모르게 함으로써 개인적인 사유가 아니라 사회적인 사유를 하도록 유도하기 위한 절차적인 장치였다.

싱어는 이렇게 말한다. "윤리적인 판단을 할 때 우리는 우리 자신의 호好, 불호不好를 넘어서야 한다 … 윤리는 '나'와 '너'를 넘어서서 보편적인 법칙, 보편화 가능한 판단, 불편부당한 조망자 혹은 이상적인 관찰자, 그것을 무엇이라 부르든 간에 그같은 것으로 갈 것을 요구한다."(30)

3. 윤리의 최소한으로서의 공리주의

싱어가 독자들에게 셋째로 주장하고자 하는 윤리의 특성은 윤리의 최소한이 **공리주의**utilitarianism라는 것이다. 앞에서 보았듯이, 우리가 윤리적으로 사유한다는 것은, 나의 바람과 남의 바람을 구별하지 않는다는 것, 인간의 바람이라면 그것이 누구의 바람인지 구분하지 않는다는 것인데, 바로 이러한 입장이 쉽게 공리주의와 연결되기 때문에, 공리주의가 윤리의 최소한이라고 주장한다.

싱어는 앞에서 구분한 비윤리적 상황과 윤리적 상황을 구분하여, 만약 내가 윤리와 무관하게 어떤 일을 결정한다면 그때 내가 고려할 것은 나의 이익이다. 저수지에서 물고기를 잡을 때 '**내가** 계속 물고기를 먹으려면 어떻게 해야 할까'가 나의 고려사항이다. 그러나 윤리와 유관하게 어떤 일을 결정한다면 '**우리가** 계속 물고기를 먹으려면 어떻게 해야 할까'가 고려사항이 된다.

그래서 싱어는 이렇게 말한다. "우리가 알 수 있었던 것은 간단한 윤리이전적인pre-ethical 결심에 일단 윤리의 보편적인 측면을 적용하면 매우 쉽게 우선 공리주의적 입장에 다다른다는 것이다. 나는 공리주의를 넘어서고자 하는 사람들이 이 때문에 증명의 부담을 지게 된다고 믿는다."(33)

물론 이처럼 나와 남의 이익을 동등하게 대우한다는 것만으로 공리주의가 성립하는 것은 아니다. 최대다수의 최대행복을 실현하기 위해서는 그 이상의 고려도 필요하다. 예를 들어, 사회주의 실험에서 보았듯이, 결과적 평등을 보장하게 되면 노동에의 동기가 약화되어서 결과적 평등의 질이 나빠질 수도 있다. 이렇게 되면 최대행복이 아니라 그 이하가 될 수 있기 때문이다.

사실 이러한 고려는 **윤리적 고려**라기보다 **타산적 고려**인데, 예컨대 우리가 바다에서 치어까지 모두 잡아먹는다면 어떤 일이 벌어지겠는가? 어획자원이 감소하여 얼마 가지 못해 그런 물고기들을 먹을 수 없게 될 것이다. 하지만 일정한 크기 이하의 물고기를 잡지 않는다면 우리는 계속하여 그런 물고기를 먹을 수 있게 될 것이다. 이것은 윤리와 상관없는 합리적인 행위기준이다.

싱어는 이처럼 공리주의에는 고려해야 할 다른 사항들도 포함되어 있기는 하지만 윤리의 본질에 가장 가까운 것이 공리주의이기 때문에 공리주의가 윤리의 최소한이며, 다른 윤리적 정당화가 있다면, 예컨대, **관계**나 **권리**나 **공정** 등을 내세우려고 한다면, 그것이 왜 윤리적 정당화의 기준이 되어야 하는지에 대해서는 그것을 주장하는 사람이 증명할 책임이 있다고 지적한다.

왜냐하면 관계나 권리나 공정을 윤리적 정당화의 이유로 제시하고자 하면 윤리의 보편성 이상의 어떤 윤리적 원리를 제시해야만 하기 때문이다. 다른 아이보다 내 아이의 선호를 앞세워야 한다면 그 윤리적 이유는 무엇일까? 등산 중에 황금을 발견했다면 그 황금의 주인은 발견한 사람인가 산의 주인인가? 그렇게 보아야 할 윤리적 원리는 무엇인가? 다섯 시에 퇴근하는데 아홉 시에 출근한 사람이나 열두 시에 출근한 사람이나 같은 일당을 주어야 할까 다른 일당을 주어야 할까? 그렇게 해야 할 윤리적 이유는 무엇인가?

싱어는 이렇게 말한다. "공리주의적 입장은 최소한의 것이며, 이기적인 의사결정을 보편화함으로써 도달하게 되는 첫째 근거이다. 우리가 윤리적으로 생각하고자 하는 한 이 단계를 거부할 수 없다."(33)

그렇지만 싱어가 말하는 공리주의는 우리가 흔히 말하는 공리주의와 구별될 수도 있다. 왜냐하면 벤담과 같은 전통 공리주의자들이 말하는 공리utility란 쾌락pleasure을 의미하는 반면 싱어가 말하는 공리는 사람들의 필요나 욕망의 충족 즉 이익interest을 의미하기 때문이다. 쾌락과 이익이 어떤 차이가 있는가에 대해 여러 가지 의견이 있을 수 있다. 그러한 용어상의 차이는 그 단어들을 인간의 바람이라는 포괄적인 것에 대한 대명사인 것처럼 사용할 수 있기에 실질적인 차이가 없을 수도 있다. 그러나 일반적으로 쾌락은 감각적 특성과 관계되고 선호는 의지적인 특성과도 관계되기 때문에 이를 구분하는 것이 타당할 수도 있다. 싱어 자신도 인간의 바람을 이익, 선호, 쾌락 등으로 바꾸어 가며 생각하기도 했다.

여하튼 싱어는 『실천윤리학』에서 이러한 공리주의적 입장이 수많은 윤리적 논쟁들을 어떻게 다룰 수 있는가를 보여 주지만, 그는 그 밖의 다른 윤리적 입장들이 그러한 논쟁에 어떻게 관련되는가도 보여 주고 있다.

4. 윤리가 아닌 것들

싱어가 보는 윤리는 위와 같은 것이기 때문에, 일상적으로나 전통적으로 우리가 윤리라고 보는 것과 상대주의자들이 보는 윤리와는 차이가 있다. 싱어는 일상적이거나 전통적인 견해뿐만 아니라 상대주의적인 견해에 대해서도 다소간의 비판을 통하여 자신의 입장을 드러내고 있다. 하지만 지면상의 한계 때문에 이러한 비판이 제한적이라는 점 또한 인정하고 있다.

1) 윤리는 일련의 금지조항들, 특히 성과 관련된 금지조항들이다

자유연애가 유행하고, 피임도구들에 의해 성의 자유화가 촉진된 이후, 특정한 성윤리를 주장하기는 어렵게 되었다. 싱어는 심지어 자동차 운전이 일으키는 문제가 성이 일으키는 문제보다 더 심각하다고 지적하고 있기까지 하다. 그래서 그는 **성과 관련된 금지조항들**을 윤리라고 보는 것은 윤리를 너무 좁게 보는 것이라고 비판한다.

그러나 필자는 성과 운전을 이런 방식으로 비교하는 것은 싱어의 섣부른 판단이라고 생각한다. 나중에 볼 그의 의견에 따르더라도 성적 교섭은 관련된 당사자 이외에 새로운 존재를 만들어 낼 수 있기 때문에 그리고 또 그렇게 만들어진 태아에 대한 중절과 관련하여 심각한 윤리적 문제를 야기할 수 있기 때문에 좀 더 신중히 다루어야 한다. 이러한 점은 싱어의 그러한 견해를 다룰 때 다시 검토해 보기로 한다.

2) 윤리는 '이론적으로는 고상하나 실천적으로는 쓸모없는 것'이다

예를 들어, '거짓말하지 말라'는 이론적으로 좋은 윤리적 원칙이라고 생각하지만, 현실의 복잡성을 고려하게 되면 실천적으로는 별로 쓸모가 없는 윤리적 원칙이라고 동시에 생각할 수 있다. '선의의 거짓말'이라는 말이 있는 것처럼, 윤리는 일반적으로 거짓말을 추천하지 않지만 상황에 따라 거짓말을 추천하기도 하기 때문이다.

그러나 싱어는 윤리에 대한 이러한 비판이 적합하지 않다고 지적한다. 왜냐하면 윤리가 규칙들의 체계라고 생각하는 **의무론자**deontologist들 혹은 법칙론자들에게 이러한 비판을 피해 갈 방법이 ―예컨대 상충하지 않는 복잡한 규칙들을 만들거나 규칙들에 위계적 순서를 부여하는 것 등의 방법이― 있으며, 또 결과들에 대한 평가에 의하여 윤리적 선악을 판단하는 **결과론자**consequentalist들 혹은 목적론적자들에게는 이러한 비판이 애초에 적용되지 않기 때문이다. 그러므로 그에게 윤리는 거추장스럽고 쓸모없는 것이 결코 아니다.

3) 윤리는 종교적인 맥락에서만 이해할 수 있는 것이다

좋은 우산의 기준은 우산을 고안한 사람의 의도를 잘 충족시키는가 여부이다. 즉 비를 잘 막는다면 좋은 우산이고 그렇지 못하다면 좋지 않은 우산이다. 이런 맥락에서 좋은 인간 행동의 기준을, 인간을 고안한 창조자의 의도에 입각하여 판단하려는 태도를 가진 사람들이 있다. 일반적으로 그들은 이러한 창조자를 신봉하는 종교인들이다.

그러나 싱어는, 플라톤이 이미 지적한 것처럼, 종교인들이 그러하듯이 '좋다'를 '절대자가 시인한다'로 읽을 경우 윤리가 인간의 **이성적 판단**이 아니라 **절대자의 자의적 판단**에 의거하게 되어 더 이상 합리적인 윤리적 판단이 불가능하게 된다는 점을 지적한다. 게다가 윤리적 행위의 보상을 위해 천국과 지옥과 같은 개념이 필요하다는 종교인들의 입장은 비종교인들의 윤리적 현실과 대치되며, 특히 칸트가 보상을 바라고 수행되는 행위는 이기적 행위이지 윤리적 행위가 아니라고 비판하였다는 점 또한 지적한다. 그러므로 그는 윤리를 세속적 맥락에서 이해할 수 있다고 믿는다.

4) 윤리는 당신이 살고 있는 사회에 따라 상대적이다

교통과 통신이 발달한 오늘날 우리는 사회에 따라 윤리가 다르다는 것을 알고 있다. 이러한 이해에 기초하여 현대인들은 윤리의 상대성에 대하여 비교적 긍정적이다. 윤리가 사회에 따라 다르며 따라서 절대적인 윤리가 있다고 주장하는 것은 세련되지 못한 태도라고 보는 것이다. 문화적 차이를 인정하는 이러한 태도는 세련되기는 하지만, 윤리는 문화적 차이 이상의 것일 수 있다.

싱어는 이러한 상대주의를 피상적 형태의 상대주의와 근본적 형태의 상대주의로 구분한다. **피상적 상대주의**란 윤리적 정당화를 수행할 때 다양한 상황에 따라 다른 정당화가 가능하기 때문에 상황에 따라 윤리가 달라진다는 입장이다. 싱어는 물론 이러한 입장은 인정한다. 그가 부정하는 것은 윤리가 사회의 관습을 반영할 뿐 본질적인 가치를 갖는 것이 아니라는 **근본적 상대주의**이다.

이러한 상대주의는 인간이 사실에 대해 판단할 수 있을 뿐 가치에 대해 판단할 수 없다는 인간의 판단능력에 대한 협소한 견해에 기초해 있다. 싱어는 이러한 견해에 따르게 되면 우리가 더 이상 윤리적 판단을 내릴 수 없게 된다는 점을, 예를 들어 노예제를 비판할 근거를 상실하게 된다는 점을 지적하고 있다.

근본적 상대주의의 관점에서 보면, 노예제 사회에서 노예제를 비판하는 것은 사실적 오류를 범하는 것이다. 왜냐하면 노예제 사회에서 노예제는 참이기 때문이다. 혹시라도 사람들의 마음이 변하여 51%가 노예제가 그르다고 이야기하기 이전까지 그 사회에서 노예제는 옳기 때문이다. 근본적 상대주의를 취하게 되면 사회의 구성원은 자기가 속한 사회의 신념과 관습에 반할 수도, 개혁할 수도 없다.

하지만 역사적 사실을 보면 개인이나 사회는 늘 참된 윤리를 찾아서 신념과 관습을 변경시켜 왔다. 그러므로 윤리는 사회에 따라서 상대적인 것이 아니라 상대성을 초월하여 절대성을 지향한다. 이렇게 전제하지 않으면 우리는 자신에 대해서나 상대방에 대해서 윤리적 비판을 할 수 없기 때문이다. 이런 이유로 싱어는 윤리에 대한 근본적인 상대주의를 부정한다.

5) 윤리는 단순히 주관적인 취향이나 의견의 문제이다

사회적 규범을 따르는 상대주의가 봉착하는 이러한 사실적 오류를 개인적 규범을 따르는 상대주의 즉 **주관주의**는 빠져나갈 수 있다. 나는 내 취향을 가지고 타인도 그 자신의 취향을 가지기 때문이다. 다만 이러할 때에도 윤리는 취향의 문제이기 때문에 합리적인 토론이 불가능하다는 난점은 여전히 남는다.

그러기에 스티븐슨C. L. Stevenson은 우리의 윤리적 판단이 기술한다기보다는 표현하는 것이라고, 헤어R. M. Hare는 진술이라기보다는 명령에 더 가깝다고, 매키J. L. Mackie는 개인적인 필요나 선호를 객관화하는 경향일 뿐이라고 지적하기도 했다.

윤리적 언어가 물리적 언어와 다른 종류의 언어라는 것은 부정할 수 없는 사실이다. 그렇지만 싱어는 그렇다고 해서 윤리적 언명이 합리성을 따질 수 없는 그러한 종류의 언명이라고 결코 보지 않는다.

싱어는 이렇게 말한다. "이성의 관점에서 볼 때 각각의 윤리적 판단이 다른 판단들과 마찬가지로 좋은 것이라는 주장이 도출될 수 있는가? 나는 그렇지 않다고 생각한다. 앞 문단에서 언급된 세 철학자 중 어느 누구도 윤리에 있어서의 이성과 논변의 역할을 부정하지 않는다."(25)

1장의 주요 내용

1. 윤리는 정당화되어야 한다.
2. 윤리적 정당화는 보편적 정당화이어야 한다.
3. 보편적 정당화와 직접적으로 연결되는 전통적 입장은 공리주의이다.
4. 따라서 일련의 금지조항들은, 이론적으로 고상하지만 실천적으로 쓸모없는 규칙들은, 종교적 맥락에서만 이해할 수 있는 것들은 윤리가 아니다. 아울러 사회에 따라 상대적이거나 개인에 따라 상대적인 것들도 윤리가 아니다.

2장
평등과 그 함축

공리주의자utilitarian들은 '각각의 사람은 한 사람으로서 간주되며, 어느 누구도 한 사람 이상으로 간주되지 않는다'라는 것을, 즉 각각의 사람은 모두 평등하다는 것을 자명한 이치로 삼고 있다. 하지만 이는 모든 사람이 **모든 면에서** 동등하다는 것을 의미하는 것은 아니다. 그렇다면 어떤 면에서 동등하다는 의미일까? 윤리의 기초적인 원칙인 평등이 제대로 적용되기 위해서는 평등의 이러한 함축의미에 대하여 자세히 검토할 필요가 있다. 그래서 싱어는 어떤 면에서 인간이 평등한지에 대해 다섯 가지 검토를 제시하고 있다.

1. 평등에 사실적인 근거가 있는가?

평등하다는 것은 사실일까? 사실 인간은 같다기보다는 다르다. 키가 크거나 작고, 수학을 잘하거나 못하며, 행동이 빠르거나 느리며, 성격이 공격적이거나 다정하다. 이렇게 사실적으로 다른 인간이 평등하다는 주장은 그러므로 **사실적인 근거**를 가지지 않는다.

싱어는 이러한 사실적 근거를 애써 구성하려고 했던 롤스의 주장을 인용하며 그것에 대해 반박하고 있다. 롤스는 '**도덕적 인격**'이 인간 평등의 근거라고 주장하였는데, 이러한 도덕적 인격이란 사회계약에 참여할 수 있는 최소한의 능력이라고 이해할 수 있다. 왜냐하면 모든 인간이 이러한 능력을 가지지 못한다면 사회계약론에 근거하는 그의 정의론은 성립할 수 없을 것이기 때문이다.

싱어는 이에 대하여 첫째, 그러한 도덕적 인격에 정도의 차이가 있다는 것을 지적하고 있다. 롤스는 원 안의 점은 그것이 중심에 가깝든 멀든 간에 원의 내부에 있다는 의미의 '영역속성range property'이라는 표현을 동원하여 이러한 정도의 다름보다는 속성의 같음을 주장하였다. 싱어는 사회계약적인 현실에서 이러한 계약에 상대적으로 충실한 사람이 있는 반면 상대적으로 소홀한 사람이 있기 때문에 롤스의 주장은 문제가 있다고 지적한다.

싱어는 또 도덕적 인격과 관련하여 예외적인 사람들, 즉 사회계약에 참여할 수 있는 능력을 가지지 못한 사람들이 있다고 지적하고 있다. 아주 어린 아이들이나 정신질환을 가진 사람들이 그러한 경우이다. 물론 롤스는 이러한 사람들은 잠재적으로 도덕적인 인간이라고 옹호하지만 싱어는 본질적인 옹호라기보다는 임시변통적이라고 지적한다.

싱어는 이렇게 말한다. "'도덕적 인격'을 갖는다는 것은 모든 인간이 평등하다는 원칙에 만족스러운 기초를 제공하지 못한다. 나는 어떤 자연적 특징도, 그것이 '영역속성'이든 아니든 간에, 이같은 기능을 할 수 있을지 의심한다."(39)

그리고 또 싱어는 평등을 사실에 기초하여 주장하려고 할 때, 빠질 수 있는 자충수는 다음과 같은 종류의 것이라고 지적한다. 예컨대, 사실인 **지능지수**에 기초하여 지능이 높은 사람은 노예를 소유하는 자유민이 되고, 지능이 중간인 사람은 노예를 소유하지 못하는 자유민이 되며, 지능이 낮은 사람은 노예가 되는 사회제도를 구성할 수 있는데, 사실이 평등의 근거라고 한다면, 사실이 이러한 불평등의 근거가 되었을 때, 이를 반박할 수 없다. 왜냐하면 둘 다 사실에 의거한 것이기 때문이다.

싱어는 평등을 사실에 근거하려는 시도는 이러한 모순을 가지고 때문에 결코 사실에 근거할 수 없다고 주장한다. 그렇다면 평등은 무엇인가? 싱어는 그것이 **사실의 문제**가 아니라 **윤리의 문제**라고 지적한다. 그것은 '이다'나 '아니다'의 문제가 아니라 '이어야만 한다'와 '이어서는 아니 된다'의 문제이다. 싱어는 이렇게 말한다. "평등은 기본적인 윤리적 원칙ethical principle이지, 사실에 대한 주장assertion of fact이 아니다."(41)

2. 이익평등고려의 원칙

싱어가 이러한 윤리적 원칙으로, 윤리적 인간으로서 살아가고자 할 때 고려하지 않을 수 없는 평등의 원칙으로 제시하고 있는 것은, 이익에 대한 평등한 고려의 원칙the principle of equal consideration of interests이다. 싱어는 이것이 앞 장에서 지적한 것처럼, 비윤리의 영역으로부터 윤리의 영역으로 넘어오게 되면 우선 수긍할 수밖에 없는 원칙이라고 주장한다. 앞으로는 이를 간단히 줄여서 **이익평등고려의 원칙**이라고 불러 보자.

이익평등고려의 원칙은, 우리가 윤리의 영역 내에 있는 한, **우리의 행위에 의해 영향을 받는 모든 사람들의 이익들에 대하여 동등한 비중을 두어야 한다**는 것을 의미한다. 싱어가 생각하는 이익이란, 예컨대 고통을 피하고, 능력을 개발하고, 먹고 자는 기본적인 욕구를 충족시키고, 다른 사람과 우정을 즐거이 교환하고, 타인들로부터 불필요한 간섭을 받지 않고, 자신의 삶의 계획을 자유로이 추구하는 그러한 이익이다. 하지만 싱어는 고통을 벗어나는 이익이 문제시되는 상황을 예로 들면서 자신이 생각하고 있는 이 원칙의 의미를 설명하고 있다. 왜냐하면 고통에서 벗어나는 일은 이러한 이익 일반의 기초이기 때문이다.

싱어의 설명은 다음과 같다. 지진이 나서 두 사람의 부상자가 생겼다고 가정해 보자. 우리는 이익평등고려의 원칙에 따라 두 부상자의 고통을 동등하게 고려해야 한다고 생각한다. 이것은 우리가 진통제 두 알을 가지고 있다면 한 알씩 나누어 주어야 한다는 의미이다. 그러나 만약 한 사람의 고통은 가볍고 다른 사람의 고통은 무겁다면 이익평등고려의 원칙은 어떤 처방을 제시할 것인가?

싱어는 이익평등고려의 원칙은 그 이익이 누구의 것이냐를 고려하는 것이 아니라 그것이 이익이면 누구의 이익이든 그냥 이익이라고 생각하기 때문에 고통이 큰 사람에게 진통제 두 알을 모두 줄 수도 있다고 지적한다. 한 사람의 고통이 1이고 다른 사람의 고통이 10인데 진통제가 4의 고통을 덜어 줄 수 있다면, 두 사람에게 진통제를 한 알씩 나누어 주는 것은 결국 5의 고통밖에 줄일 수 없지만, 한 사람에게 모두 주면 8의 고통을 줄일 수 있기 때문이다.

이런 상황에서 고통이 1인 사람에게 약을 주는 것은 이익의 평등한 고려가 아니며, 그 사람이 나와 가까운 사람이라고 해서 약을 준다면 그것은 윤리적인 고려조차도 아니다. 그러므로 이익평등고려의 원칙은 평등한 대우를 가리키는 것이 아니다. 이익평등고려의 원칙은 이처럼 불평등한 대우를 의미할 수 있을 뿐만 아니라 심지어는 불평등한 결과를 의미할 수도 있다.

고통이 큰 사람에게 진통제를 모두 주는 경우에 이익평등고려의 원칙은 보다 평등주의적 결과egalitarian result를 가져온다. 즉 하나씩 주면 고통이 -3인 사람과 고통이 6인 사람이 있게 되지만, 고통이 큰 사람에게 두 알을 모두 주면 고통이 1인 사람과 고통이 2인 사람이 있게 되기 때문이다. 하지만 이익평등고려의 원칙은 평등주의적 결과에 반하는 경우에 도달할 수도 있다.

지진이 일어나 한 사람은 한 다리를 잃었을 뿐만 아니라 다른 다리의 발가락을 잃을 위기에 처했고 다른 사람은 한 다리를 잃을 위기에 처했는데, 치료할 약이 한정되어 있다면 어떻게 해야 하겠는가? 이익평등고려의 원칙은 다리를 잃을 위기에 처한 사람을 우선 치료해야 한다고 지시한다. 다리의 비중이 5이고 발가락의 비중이 1이라면 이익평등고려의 원칙은 5를 선택하지 1을 선택하지 않기 때문이다. 이렇게 되면 한 사람은 한 다리와 한 발가락을 모두 잃게 되고, 다른 사람은 아무것도 잃지 않는다. 그러므로 이러한 예에서 이익평등고려의 원칙은 평등주의적 결과에 반한다.

이익평등고려의 원칙이 언뜻 생각한 것과 다른 처방과 결과를 가져오는 까닭은 그 이익이 **누구의 이익**인지 구분하지 않기 때문이다. 누가 통증을 느끼는지 누가 더 심한 손실을 이미 받았는지 이러한 것을 구분하지 않고 영향받는 사람들에게 생기는 이익의 총합만을, 다시 말해 사회 전체의 결과만을 고려하기 때문에 이러한 처방이나 결과가 나온다. 싱어는 이렇게 말한다. "이 말은, 만일 어떤 있을 수 있는 행위에 의하여 X라는 사람과 Y라는 사람 둘만이 영향을 받고, 이때 X가 잃게 될 것이 Y가 얻게 될 것보다 더 많다면 그 행위를 하지 말아야 한다는 것을 의미한다."(41) 그리고 "그 원칙은 철저한 평등주의적인 원칙이라기보다는 최소한의 평등원칙이다."(46)

한편 싱어는 이익평등고려의 원칙에 이러한 윤리적 고려 외에 타산적 고려도 포함될 수 있다고 지적한다. 예컨대, 지진이 나서 부상을 입은 사람들 중에 의사나 간호사가 있다고 해도 그 사람들의 고통을 특별히 고려할 윤리적 이유는 없다. 하지만 특별히 고려할 타산적 이유는 있다. 왜냐하면 그 사람들이 우선 치료를 받으면 다른 사람들을 치료할 수 있기 때문이다.

이익평등고려의 원칙이 최소한의 평등이라고 이야기할 수는 있지만, 어떤 의미에서 어느 누구도 이 원칙을 준수할 수는 없다. 왜냐하면 우리는 생물학적으로 나와 가까운 관계에 있는 사람의 이익을 나와 먼 관계에 있는 사람의 이익보다 중요시하기 때문이다. 윤리적 원칙과 생물학적 원칙의 대립 속에서 우리가 어떤 행동노선을 취할 것인지 인간으로서 풀기 어려운 문제인데, 이는 해외원조를 다룰 때 다시 검토한다.

3. 유전적 특성은 평등과 배치되는가?

이익평등고려의 원칙에 따르면, 지능지수에 의거하는 사회체계를 윤리적으로 배격할 수 있다. 이익평등고려의 원칙은 사실에 대한 주장이 아니라 윤리적 요청이기 때문이다. 지능지수의 높고 낮음이 고통을 받지 않을 이익과 무관한 것처럼, 남자와 여자의 차이나 백인과 흑인의 차이도 고통을 받지 않을 이익과 무관하다.

그럼에도 불구하고 현실에서 성차별주의자들이나 인종차별주의자들은 성별 차이나 인종별 차이를 근거로 자신들의 차별적인 태도를 정당화하려고 한다. 싱어는 성별 차이나 인종별 차이가 있다는 것이 참이라고 하더라도 첫째, 결과적 평등을 고려한다면 그러한 차이를 적게 하는 것이 바람직하며, 둘째 그러한 차이는 평균적인 차이일 뿐 개별적인 차이가 아니며, 셋째, 그러한 차이는 고통을 받지 않을 이익과 무관하다는 점을 지적함으로써, 차별주의를 비판한다.

1) 인종적 차이와 인종적 평등

먼저 싱어가 지적하는 것은, **지능**과 **지능지수**가 같은 것이 아니라는 점이다. 지능이라는 어떤 것이 있다고 할 때 그것을 측정하는 한 방식에 의해서 지능지수라는 하나의 값이 나올 뿐이다. 다른 방식으로 지능을 측정하면 다른 수치가 나올 수도 있다. 그러므로 우리가 현재 사용하는 지능지수가 어떤 사람의 지능에 절대적으로 대응하는 것은 아니다.

하지만 지능지수는 지위, 소득, 신분과 유의미한 연관성을 가지고 있기 때문에 이를 가볍게 생각할 수는 없다. 여하튼 미국의 흑인과 백인의 지능지수를 평균해 보면 약 15 정도의 차이가 있고, 그중에서 5 정도는 환경에서 비롯된다면 유전적으로 10 정도의 차이가 있다고 볼 수 있다. 이렇게 가정한다고 할 때 이러한 지능 차이는 인종에 따르는 불평등한 대우를 정당화할 수 있을까? 싱어는 세 가지 점을 지적한다.

첫째, 흑인이 유전적으로 열등하다고 가정하더라도, 흑인의 교육환경을 개선하고자 하는 노력을 포기할 이유는 없다. 장애인에게 더 큰 배려를 하듯이, 유전적으로 열등하기에 더 큰 배려를 할 필요가 있다.

둘째, 이렇게 가정된 차이는 평균에 불과하며 개인에 적용될 수 없다. 따라서 높은 지능지수를 필요로 하는 일에 적합한 사람을 고르고자 할 때, 개인의 지능지수에 따라 차별하는 것은 정당화될 수 있지만, 인종에 따라서 차별하는 것은 결코 정당화될 수 없다.

셋째, 인종별 차별대우가 정당화될 수 없는 보다 근본적인 이유는 이익평등고려의 원칙은 사실에 근거하고 있는 것이 아니라 윤리적 요청에, 즉 모든 사람의 이익을 평등하게 고려해야 한다는 요청에 근거하고 있기 때문이다. **지능지수**의 고하는 고통을 피하고자 하는 이익과 아무런 상관이 없다. 싱어는 제퍼슨Thomas Jefferson을 인용하며 뉴턴Isaac Newton의 지능지수가 평범한 사람보다 더 높겠지만 뉴턴의 이익을 다른 사람의 이익보다 우선한다면 그것은 이익평등고려의 원칙에 어긋난다고 지적한다.

2) 남녀의 차이와 남녀의 평등

미국의 흑인과 백인 사이에 지능지수의 차이가 있는 것처럼, 일반적으로 남성과 여성 사이에도 지적 능력의 차이가 있다고 인정되고 있다. 여성은 언어능력에, 남성은 시공간능력에 우월성을 보이며, 남성은 공격성이 높고 여성은 공격성이 낮다.

이러한 차이들에도 물론 환경적인 영향이 분명히 있지만, 어린아이들이나 유인원에서도 이러한 차이를 볼 수 있기 때문에, 그 일부분은 분명 유전적인 것이다. 인종 간의 차이처럼 이러한 성별 간의 차이도 성에 따르는 불평등한 대우를 정당화하지 못한다고 싱어는 지적한다.

첫째, 우리 사회는 일반적으로 남성을 더 남성화시키고 여성을 더 여성화시키는 경향이 있다. 이러한 사회적 조건화social conditioning가 여성에게 불리한 여건을 조성할 수도 있기 때문에 여성주의자feminist들이 반대하는 것은 타당하다.

둘째, 선천적이든 후천적이든 간에 이러한 차이는 실제로는 평균값을 의미할 뿐이기 때문에, 어떤 특정한 자질을 필요로 하는 일에 적합한 사람을 고르려고 한다면, 개인의 자질에 따라 차별하는 것은 정당화될 수 있지만, 성별에 따라서 차별하는 것은 결코 정당화될 수 없다.

셋째, 보다 근본적으로, 지능지수가 이익을 평등하게 고려하지 말아야 할 이유가 될 수 없는 것과 꼭 마찬가지로 **공격성**의 과다가 이익을 평등하게 고려하지 말아야 할 이유가 될 수 없다. 이익평등고려의 원칙을 채택한다면 흑인이나 백인이라고 해서 남자나 여자라고 해서 각각의 이익을 다르게 고려해서는 아니 된다.

4. 기회의 평등으로 충분한가?

싱어는 인종이나 성별에 따른 능력의 차이는 개인적이기 때문에 평균을 근거로 능력을 판단하는 것은 오류라는 점을 지적하였다. 그렇다면 개인별 능력의 차이에 따라 대우를 달리하는 것은 사회적으로 정당화될 수 있는가?

우리 사회는 개인의 사회적 기여를 따져서 대우하며, 이는 평등에 어긋나지 않는 것이라고 생각한다. 오히려 사회에의 기여가 큰 사람이 작은 사람보다 나은 대우를 받지 못할 경우 그것이 평등에 어긋난다고 생각한다. 이를 보통 **업적주의**라고 부르는데, 싱어는 이에 대해서도 비판을 전개하고 있다.

업적주의의 전제는 **기회가 평등하게 주어졌다면** 개인적인 성취는 불평등한 대우의 근거가 된다는 것이다. 하지만 싱어는 기회의 평등이 **현실적으로 불가능**한 이상이기 때문에,

결과의 불평등을 제대로 옹호하기 위해서는 타고난 재능이나 환경에 따라 보상하게 되는 현재의 체계가 아니라 엄격하게 노력과 필요에 따라 보상하는 새로운 체계가 필요하다고 지적한다.

기회의 평등을 확보하기 위하여 우선 해야 할 일은 모든 학교가 동일한 교육을 제공하는 일인데 교실과 교사의 자질이 같을 수가 없기 때문에 이는 현실적으로 불가능하다. 하지만 이것이 확보된다고 하더라도 모든 가정의 수준도 동일해야 하는데 부모가 같을 수 없고 가정형편이 같을 수 없기에 이것은 더욱 불가능하다. 이것마저 가능하다고 하더라도 학생의 지능지수가 동일해야 하는데, 이것은 더더욱 불가능하다. 그러므로 기회의 평등이라는 이상은 엄격한 잣대로 보면 실제로 실현할 수 없는 헛된 이상에 불과하다.

엄격한 잣대를 대고 볼 때 기회의 평등이 불가능하기에, 어떤 의미에서 오늘날 우리 사회가 가지고 있는 보상체계는, 재미있고 수입이 좋은 직업을 수행할 환경이나 능력을 타고난 **행운**의 사람에게는 상을 주고, 그러한 성공을 거두기 어려운 환경이나 유전자를 타고난 **불운**의 사람에게는 벌을 주는 그런 불합리한 체계일 수도 있다.

싱어는 이러한 현실을 비판하면서 이익평등고려의 원칙이 충분히 준수되는 사회는 마르크스Karl Marx가 지적한 것처럼 '각자로부터 그의 능력에 따라서, 각자에게 그의 필요에 따라서' 기여와 대우를 하는 그러한 사회일 것이라 지적한다. 하지만 역사적 사실은 그러한 사회가 불가능하다는 것 아니었는가? 마르크스의 이상을 실제적인 국가제도로 실현하려 했던 소비에트연방공화국이 이미 이러한 실패를 보여 주었다.

싱어도 현실적으로 이것이 불가능하다는 것을 알고 있다. 그가 지적하는 사례는 '두뇌유출'이다. 만약 한 사회가 타고난 능력이나 환경에 대해 보상하지 않고 노력에 대해서만 보상하려고 한다면, 그러한 보상에 실망한 사람들이 이민자 대열에 합류할 것이며, 이를 막기 위해서는 나라를 감옥으로 만들어야만 할 것이라는 점을 지적하고 있다.

우리가 의사에게 공정한 대우를 하려고 하면 그의 노력에 대해서는 평가하되 그가 우연히 가지게 된 재능이나 환경에 대해서 평가해서는 아니 된다는 것이 싱어가 견지하고 있는 입장이다.

우리 사회가 재능이나 환경이 아니라 노력에 대해서만 보상하려 하면 어떤 문제들이 일어날 것인가? 일단 앞에서 본 것처럼 두뇌유출이 일어날 것이다. 그러므로 우리는 임금 격차를 줄이되 두뇌유출이 일어나지 않는 수준까지만 줄여야 한다. 이것은 아마도 만족스러운 임금평등화에 이르지 못할 것이다.

다음으로 사람들이 힘든 일을 하지 않으려 할 것이다. 그런 일을 해 봐야 보상이 없을 것으로 예상되기 때문이다. 싱어는 그렇지 않을 것이라고, 즉 자신과 자신의 비서의 봉급이 같다고 해도, 자신은 교수의 일을 하지 비서의 일을 하지는 않을 것이라 주장했지만, 필자가 보기에 현실은 별로 그러할 것으로 보이지 않는다. 필자는 아무래도 싱어보다는 비관론자로 보인다.

크게 보면 임금 격차를 줄이는 것이 사회적 연대를 위하여 좋지만 사회적 효율성을 확보하기 위해서는 성과급을 통하여 임금 격차를 늘리는 것이 불가피하다는 주장도 있다. 사회주의 소련이 실패하고 자본주의 러시아가 들어서는 것을 목도한 우리로서는 인간의 노력을 극대화하기 위하여 성과급이 필수적이라는 것을 부정할 수 없다. 자기중심적인 소유욕이라는 인간의 성향을 활용하기 위한 성과급이 정당하다는 주장에 대하여 싱어는 옥스퍼드의 심리학자 그레이Jeffrey Gray의 입장을 인용하며 부정적인 입장을 취한다.

싱어는 이렇게 말한다. "우리가 '상류'직업과 '하류'직업에 급료를 달리 하는 것은, '유인'이라는 것을 명분 삼아 사람들로 하여금 자기 능력 이상의 것을 하도록 유혹하거나, 어떻든 그들이 한 것 이상의 보상을 해 줌으로써 자원을 낭비하는 것일 뿐이다."(67)

결론적으로 싱어의 입장은 우리가 **타고난 능력과 환경**에 대하여 보상하기를 피하고 **노력과 필요**에 따라 보상하는 태도를 취하는 것이 이상적이라는 것인데, 이는 현실적으로는 임금과 수입의 차이를 최소화하는 방향을 가리킨다. 이는 북유럽의 복지국가들이 지향하고 성취하고 있는 것으로서, 우리 사회가 싱어적인 의미에서 보다 윤리적으로 되고

자 한다면 우리 사회도 성취하려고 지향해야 할 이상이라고 보인다.

5. 역차별대우는 평등의 원칙과 위배되는가?

역차별대우reverse discrimination는 때로 **차별시정조치**라고도 하는데, 이는 한 사회 내에서 어떤 조건에 따라, 예를 들어 인종이나 출신 등에 따라 불평등이 심할 경우, 쌍방에 우월감이나 열등감 혹은 심지어 좌절감을 줌으로써 사회를 분열시킬 수도 있기 때문에, 이를 극복하기 위하여 불리한 사람들에게 **우선적인 대우**를, 즉 간단히 말하자면, 특혜를 제공하는 일을 가리킨다.

예를 들어, 의과대학이나 법과대학이 사회취약계층의 사람들에게 의료혜택이나 법률혜택을 확대하고자 하는 목적으로 사회취약계층의 지원자에게 특혜를 주어 입학시킬 수 있다. 이는 대학에 기부금을 많이 내었기에 특혜를 주어 입학시키는 것과 비슷하지만 다른 방향에서의 차별조치이다.

사실 이러한 역차별대우는 사회적으로 많은 이익을 가져다줄 수 있다. 예를 들어, 아프리카계 미국인 의사들은 아프리카계 미국시민들의 의료접근성을 높일 수 있고, 그들을 더 잘 이해할 수 있으며, 다른 아프리카계 아동들의 모델이 될 수 있고, 나아가 유럽계 미국의사들이 아프리카계와 유럽계 간의 문화적인 차이들을 더 잘 이해하도록 도울 수도 있다.

이러한 역차별대우는 일반적인 평등의 원칙에는 분명 위배된다. 우리가 평등에 대해서 생각할 때, 특정한 사람은 어떤 사실적 조건 때문에 불이익을 당해서도 아니 되지만, 이익을 보아서도 아니 되기 때문이다. 역차별대우는 사회적 조건이 열악하다고 해서 우선적인 대우를 받는 불평등의 한 사례이다.

하지만 **불평등**한 사회를 신속하게 **평등**한 방향으로 끌고 가기 위한 이러한 역차별대우는 고려할 만하다. 왜냐하면 기회의 평등이 현실적으로 신속하게 실현될 수 없기 때문에 인위적으로 기회의 평등을 실현하기 위하여 역차별대우를 활용할 수 있기 때문이다.

역차별대우는 어떤 사람에게는 이익을, 다른 사람에게는 손해를 준다. 하지만 이익평등고려의 원칙은 그 어떤 사람이 아니라 사회 전체의 이익을 고려하기 때문에 이익과 손실을 따질 때 어느 것이 더 클 것인가에 초점을 맞춘다. 대개의 경우 역차별의 이익이 손실보다 크다고 보인다. 한계효용체감의 법칙이 이러한 계산의 타당성을 옹호한다.

하지만 역차별대우의 반대자들도 있다. 일단 그것이 평등의 원칙에 위배되기 때문이다. 하나의 예외를 인정하게 되면 다른 예외를 인정할 선례가 되고 이것이 원칙을 약화시키는 계기가 될 수도 있기 때문이다. 지금은 소수자에게 쿼터를 주는 방식이 나중에는 다수자에게 쿼터를 주는 방식으로 변경될 수도 있다.

다른 반론은 역차별 프로그램은 어떤 집단의 사람들이 특별한 보호 없이는 성공을 거두지 못한다는 일반적인 고정관념을 강화할 수 있다는 것이다. 그러한 역차별 프로그램이 시행되는 한 그러한 프로그램의 도움 없이도 그 일을 할 수 있었을 사람조차 프로그램의 수혜자로서 평가절하되기 쉽기 때문이다.

이러한 반론들이 타당하다면 역차별대우는 애초에 목표로 하고 있는 불평등 감소를 달성하지 못할 수도 있다. 하지만 역차별대우의 찬성론자들의 의견이 옳은지 반대론자들의 의견이 옳은지 아직 확증되지 않았다. 이러한 상황에서 싱어는 이렇게 말한다. "아직 우리는 확실히 말할 수 없다. 좀 더 확실한 대안이 없는 한 그것은 해 볼 만한 가치가 있는 것으로 보인다."(75-76)

싱어는 이러한 역차별의 하나로 사람을 가리키는 인칭대명사로 '그' 대신에 '그녀'를 사용할 것을 또한 제안하고 있다. 오랜 남성 중심주의적인 역사를 통하여 자리 잡은 이러한 관행에서 자행되는 무의식적인 차별을 극복하기를 원하기 때문이다.

2장의 주요 내용

1. 평등은 사실적 주장이 아니라 윤리적 요청이다.
2. 싱어는 평등의 최소한의 원칙으로서 이익평등고려의 원칙을 주장한다. 이러한 원칙은 평등한 결과와 일치할 수도 대립할 수도 있는데, 이는 어떤 사람의 이익이 아니라 사회 전체의 이익을 따지기 때문이다.
3. 유전적 다양성은 이익평등고려에 차이를 가져오지 않는다. 왜냐하면 이 원칙은 사실에 근거하지 않는 윤리적 요청이기 때문에다.
4. 우리 사회는 공적주의를 인정하지만, 기회의 평등이 사실상 불가능하기 때문에 피상적 공적주의는 불합리하다. 이를 개선하기 위해서는 보상의 차이를 좁혀 가야 한다.
5. 역차별대우는 분명한 불평등이지만 사회 전체의 이익을 따질 때 긍정적일 수 있다. 일단은 시도해 볼 만한 제도이다.

3장
동물에게도 평등을?

싱어는 동물해방론자로서 명성을 얻었다. 동물에 대한 그의 태도는 동물애호론이 아니라 동물해방론이다. 주변에서 우리는 반려동물을 기르는 사람들이 자신들의 동물들을 심지어는 다른 사람들보다 더 소중히 여기는 경우들까지 보고 있다. 그러한 사람들은 그러한 동물들의 애호론자들이라고 보아야 하겠지만, 싱어는 그런 애호론자가 아니다.

그는 미국의 역사에서 흑인이 해방되어야 했듯이 인류의 역사에서 동물이 해방되어야 한다고 생각한다. 흑인이 이익을 가지듯이 동물도 이익을 가진다고 생각하기 때문이다. 이러한 그의 동물해방론은 흑인해방론과 비슷한 맥락을 가지기는 하지만, 인간의 오랜 습관인 인간중심주의를 크게 벗어나고 있다. 그는 이렇게 하여 인간의 편견에 도전하고 있으나, 그에 대하여 비판적인 사람들은 또한 여기에 비판의 초점을 맞추고 있다.

1. 인종주의가 그릇된 것이라면 종족주의도 그릇되다

싱어는 우리가 이익평등고려의 원칙을 윤리의 기초원칙으로 받아들인다면, 그 원칙을 동료 인간들에 대하여 적용해야 할 뿐만 아니라, 인간이 아닌 동물에게도 적용해야 한다고 지적한다. 왜냐하면 앞 장에서 우리는 고통에서 벗어나는 이익을 고려했는데, 그때 고통에서 벗어나야 할 궁극적인 이유를 단순히 **고통 그 자체**의 바람직하지 않음이지, 어떤 **특정한 존재의 고통**의 바람직하지 않음으로 생각하지 않았기 때문이다.

이러한 원칙을 따른다면, 어떤 **사람**에게 고통이 있다면 그것이 바람직하지 않듯이, 어떤 **동물**에게 고통이 있다면 그것도 바람직하지 않을 수밖에 없다. 이것이 우리 인간의 논리적 일관성이고, 인간의 합리성이 작동하는 방식이다.

싱어는 이렇게 말한다. "우리가 평등의 원칙을 우리 종족* 에 속하는 다른 개체들과의 관계를 위한 타당한 도덕적 근거로 받아들인다면, 그것을 또한 우리 종족이 아닌 개체들, 즉 인간이 아닌 동물(nonhuman animals)들과의 관계를 위한 타당한 도덕적 근거로도 받아들이지 않으면 안 된다."(77)

싱어의 이러한 주장이 낯설게 느껴지는 이유는 무엇인가? 과학자들은 인간의 진화가 길게는 600만 년에 걸쳐 이루어졌다고 하는데, 이 기간 내내 인간은 대개 몇 명이나 몇십 명이나 몇백 명 이상으로 모여 산 적이 없었다. 겨우 1만 년 전에 와서야 도시라는 집단적인 삶의 형태를 경험할 수 있었을 뿐이다.

그러므로 인간의 몸과 마음은 작은 공동체에 적합하도록

---

* 여기서 종족(種族)이라는 표현의 두 뜻을 구분하기로 하자. 종족은 같은 종류의 생물 전체를 이르기도 하고, 같은 계통의 조상이나 언어와 문화 따위를 가지는 사회집단을 이르기도 한다. 이 책에서는 앞의 뜻으로 즉 같은 종류의 생물 전체라는 뜻으로 한정하여 사용하고자 한다.

진화해 왔으며, 오늘날 잘 교육받은 인간은 인간이라는 종족이 나의 종족이라고 생각하게 되긴 했지만, 여전히 나의 인종, 나의 민족, 나의 친척, 나의 가족에게 더욱 친밀감을 느끼고, 그 사람들의 이익을 우선시하는 생물학적 본능을 가지고 있다.

이런 까닭에 싱어가 이익평등고려의 원칙을 동물에게 확장해야 한다고 주장할 때, 잘 교육받은 사람조차도 낯설고 당황하게 된다. 왜냐하면 현실적이 아니라 이념적으로 생각할 때조차도 아직 다른 민족, 다른 인종에게 이익평등고려의 원칙을 적용하는 것도 낯선 상황에서, 그것을 인간이라는 종족이 아닌 동물에게까지 확장한다는 것은 더 낯선 일이기 때문이다.

그러므로 싱어의 이러한 주장에 대한 일단의 반응은, 아직 인간에 대한 평등한 고려도 제대로 실현하지 못하고 있는 지금, 동물에 대한 평등한 고려를 생각하는 것은 시기상조라는 것이다. 우리 주변의 **인종차별주의, 성차별주의**도 극복하지 못하고 있는 상황에서 **종족차별주의**를 이야기하기는 이르다는 것이다.

하지만 싱어는 이러한 반론에 대하여 우리가 벗어났다고 생각하는 인종차별주의와 우리가 너무 이르다고 생각하는 종족차별주의를 비교함으로써 반박한다. 그는 이러한 의견이 백인에 대한 고려가 시급하기에 흑인에 대한 고려의 여지가 없다고 생각하는 인종차별주의와 다를 바가 없다고 지적한다.

그는 우리가 멀리 떨어져서 남의 인종차별주의에 대해서는 쉽게 비판하지만 우리 자신의 종족차별주의에 대해서는 그러지 못한다고 지적하면서, 우리에게 선입견을 버리고 논의가 이끄는 곳으로 따라가 볼 것을 요청하고 있다. 그는 우리가 너무도 당연한 것을 제대로 보지 못하고 있다고 생각하기 때문이다.

앞에서 우리는 싱어가 고안한 지능지수에 따르는 가상적인 사회체계를 보았다. 그러한 사회체계가 비판받아 마땅한 것은 지능지수가 고통을 벗어나는 이익과 아무런 상관이 없기 때문이었다. 이렇게 생각한다면 동물이 지능지수가 낮다고 해도 고통을 벗어나는 이익에서 우리 인간과 전혀 다를 바가 없다는 점을 우리는 또한 인정하지 않을 수 없다.

싱어는 이렇게 말한다. "인종주의자(racist)는 자기네들과 다른 인종 간에 이익충돌이 있을 때, 자기 쪽 사람들의 이익을 더 중요시함으로써 평등의 원칙을 위배한다. 백인 인종주의자들은 흑인의 고통이 백인의 고통과 마찬가지로 나쁜 것이라는 사실을 받아들이지 않는다. 마찬가지로 내가 '종족주의자(speciesist)'라고 부르는 사람들도 자기네들과 다른 종족에 속하는 존재들 간에 이익충돌이 있을 때, 자기종족의 구성원들의 이익을 보다 중요시하는 사람들이다. 인간 종족주의자들은 돼지나 쥐의 고통을 인간의 고통과 같이 나쁜 것이라고 받아들이지 않는다."(80)

물론 싱어는 고통을 고려할 때에 복잡한 타산이 개입될 수 있음을 인정한다. 예컨대 쥐의 고통과 인간의 고통을 비교할 때 같은 행위가 다른 비중을 가질 수 있다. 같은 강도와 지속성을 가지는 압력에, 약한 쥐의 뼈는 부러져도, 강한 인간의 뼈는 버틸 수 있다. 하지만 이러한 물리적 차이 외에도 정신적 차이도 있을 수 있다.

수의사가 야생동물을 포획할 때 그것이 자신을 살리기 위한 포획이라는 사실을 동물은 모르고 저항한다. 미사일이 우리 도시에 떨어진다면 우리는 우리의 피해가능성 때문에 전전긍긍한다. 하지만 동물은 그 사태를 이해하지 못한다. 전자의 경우 인간이라면 덜 고통을 느낄 것이고, 후자의 경우 인간이라면 더 고통을 느낄 것이다. 이런 점도 이익을 평등하게 고려하려면 참작해야 한다.

싱어의 이러한 주장을 무효화시킬 근본적인 반론도 있을 수 있다. 종족들 간의 고통을 비교하는 것이 불가능하다는 비판이다. 싱어는 이에 대해 인종들 간의, 심지어 개인들 간의 고통도 정확히 비교하는 것은 불가능하며, 정확성은 본질적인 문제가 아니라고 지적한다. 우리는 대강 다른 사람의 고통이나 다른 종족의 고통을 이해할 수 있다.

작은 공동체 내에 살면서 인간은 공동체 내의 사람들을 대하는 방식과 공동체 외의 사람들을 대하는 방식을 확실히 구분하였다. 대개의 부족사회에서 **안**의 사람을 죽이면 살인으로 간주되지만 **바깥**의 사람을 죽이는 것은 그렇지 않았다. 오늘날 우리도 **인간**이라는 생물체를 죽이면 살인으로 간주하지만, **인간이 아닌** 생물체를 죽이면 살인으로 간주하지 않는다.

물론 인간이 아닌 생물체는 그 정의상 인간이 아니니 살인이라는 표현이 적합하지 않다. 살생이라는 표현이 더 적합할 것이다. 싱어는 동물의 목숨을 빼앗는 문제는 다른 고려요소가 있기 때문에 여기서는 다루지 않는다. 그것은 나중에 나오는 살생의 장에서 다룰 것이다. 이런 제한을 두고, 이익평등고려의 원칙을 인간이 아닌 동물에 적용하면 어떤 결론이 나올까?

2. 종족주의적인 동물대우

1) 음식으로서의 동물

종족주의적으로 동물을 대하는 가장 일반적인 방식은 동물을 음식으로 대하는 것이다. 우리는 동물을 우리의 먹이로 생각한다. 이러한 상황에서 이익평등고려의 원칙을 동물에게까지 확장하여 적용하면 어떤 결론에 이르게 될까?

먼저 이익은 그것이 이익인 한 누구의 이익이든지 구별하지 않는 것이 이익평등고려의 원칙이기 때문에, 인간의 이익과 동물의 이익을 구분해서는 아니 된다. 그런 의미에서 어떤 행위를 통하여 증가되는 이익이 손실되는 이익보다 크다면 그 행위는 문제될 것이 없다.

그래서 싱어는 에스키모처럼 동물을 먹이로 삼지 않으면 죽을 수밖에 없는 상황의 사람이 동물을 먹는 것은 상대적으로 쉽게 정당화될 수 있을 것이라 지적한다. 하지만 이는 우리처럼 동물을 먹지 않고도 얼마든지 살아갈 수 있는 사람의 육식성 삶을 정당화하기는 어렵다. 우리가 얻는 이득이 동물이 잃는 이득에 비해 적을 가능성이 높기 때문이다.

하지만 이익평등고려의 원칙이 우리에게 채식주의자가 되기를 고려해 보라고 하는 더 큰 이유는, 우리가 더 값싸게 이익 즉 **쾌락**을 취하기 위하여 동물들에게 더 큰 마이너스 이익 즉 **고통**을 부여하기 때문이다.

공장식 농장factory farm이라고 불리는 현재의 동물 사육 체제는 보다 싸게 고기를 공급하기 위하여 동물들에게 다양한 고통을 가하고 있다. 우리가 협소한 공간을 '닭장 같다'라고 부르는 일에서 알 수 있듯이, 닭이나 돼지나 소들은 사료가 달걀이나 고기로 전환되는 비율을 높이기 위하여 동물들의 일반적인 활동이 거의 불가능한 매우 좁은 공간에서 사육된다. 물론 이러한 활동 공간 외에도 다양한 고통이 가해진다. 거세, 어미와 새끼의 분리, 무리의 분리, 낙인, 수송, 도살과 같은 다양한 과정에서도 고통은 가중된다.

이렇게 보면 적어도 **놓아 기른** 동물에서 나온 고기나 달걀을 먹는 것이 **가두어 기른** 동물에서 나온 고기나 달걀을 먹는 것보다 훨씬 윤리적이다. 그렇게 한다면 적어도 동물들의 고통에 대한 최소한의 고려는 했다고 할 수 있기 때문이다.

싱어는 이렇게 말한다. "우리가 먹게 될 동물이 어떻게 살아왔고 어떻게 죽었는지 알기 어려운 도시에 살고 있는 우리에게 있어서, 위와 같은 결론은 우리로 하여금 채식주의자들의 생활방식과 매우 비슷한 방식을 취하도록 한다."(87-88)

2) 실험대상으로서의 동물

동물을 음식으로 사용하는 일에서, 우리는 우리의 사소한 이익과 동물의 심대한 이익을 견주어, 우리의 사소한 이익을 앞세운다. 그러나 여기서는 그래도 '우리와 동물은 다른 종류의 존재이니까!'라는 종족주의적 정당화라도 가능하다.

싱어는 그러나 동물실험에서는 이러한 정당화마저도 불가능하다고 지적한다. 왜냐하면 동물실험에서 우리는 실험동물들이 우리와 비슷해서 우리가 실험대상이 되었을 때 드러날 현상들을 동물들이 **대신** 보여 준다고 생각하기 때문이다.

사회성을 향상시켜 주는 옥시토신이라는 호르몬의 흡입 실험에서 아주 흥미로운 현상이 발견되었는데, 그것은 이 호르몬이 사회성을 향상시켜 주기는 하지만 다수를 위하여 소수가 희생해야 하는 상황에서 이 호르몬을 흡입한 사람들은 자기 인종이 아니라 다른 인종을 희생시키는 경향을 보였다는 것이다.

이 실험은 우리가 자연적으로도 옥시토신이라는 호르몬을 가지기 때문에 다수를 위하여 소수가 희생해야 하는 상황이 오면, 다른 인종을, 그리고 동물실험의 경우에는 다른 종족을 희생시킨다는 것을 보여 주는데, 이것이 바로 동물실험의 맥락이다.

사람들은 동물실험이 만들어 내는 고통보다 덜어 주는 고통이 크기 때문에 정당화될 수 있다고 주장하기도 하지만, 늘 사실인 것은 아니다. 화장품이나 샴푸를 만들 때 재료의 흡수율이나 치사량을 계산하기 위해 수행하는 LD50(Lethal Dose 50%/반수치사량)이라는 실험에서 동물들은, 맛있는 고기 때문에 고통을 당하고 목숨을 빼앗기듯이, 인간의 외모 때문에 지속적인 고통에 노출되며 실험동물의 50%가 죽음에 이른다.

이러한 동물실험은 어떤 경우에는 우리의 사소한 지적 호기심을 만족시키기 위해서 행해지기도 한다. 특히 우리와 같은 조상을 가졌다고 간주되는 영장류들에 대한 이러한 실험은 우리의 종족주의가 특히 뚜렷하게 드러나는 장소이기도 하다.

싱어는 물론 만약 이러한 실험들을 통하여 산출되는 이익이 손실되는 이익보다 크다면 이익평등고려의 원칙에 따라서 동의할 것이지만, 현실적으로 그러한 경우는 매우 드물기 때문에 우리가 동물실험에 대하여 신중한 태도를 취해야 한다고 지적하고 있다.

나중에 독일어 문화권 일부에서 싱어에 대한 극단적인 혐오를 일으키게 만든 싱어의 주장도 이러한 맥락에서 나왔다. 싱어는 이러한 주장을 전개하면서 우리가 종족주의자가 아니라고 한다면 동물을 실험에 사용하려 할 때, **동물과 비슷하거나 더 못한 수준의 지적 능력을 가지는 인간**을 그 실험에 사용할 수 있어야 한다고 주장하였다.

싱어는 이렇게 말했다. "실험을 하는 것이 수천을 구하는 유일한 방법이라 할 때, 실험가들은 심각하고 회복이 불가능한 뇌손상을 입은 고아에게 그 실험을 하려고 하는가? (내가 '고아'라고 한정한 것은 부모의 감정이라는 복잡한 문제를 피하려고 했기 때문이다.) 그러한 고아를 실험가들이 사용하려 하지 않고 동물을 사용하려고 한다면, 그들은 종족만을 이유로 해서 그들을 차별하고 있는 것으로 보인다."(90)

간단히 말하자면, 싱어는 지적인 손상을 가지고 있는 사람들이, 동등하거나 우월한 지적 능력을 가진 동물과 비교할 때, 그 위상이 동물들과 동등하거나 열등하다고 표현하였다. 이는 이익평등고려의 원칙을 인정하는 일반인들도 수용하기 어려운 주장이다. 왜냐하면 어느 누구도 이제 막 태어난 자기 자식이나 치매에 걸려 지적 능력을 상실한 부모를 더 높은 지적 수준을 가진 동물과 동등하거나 동물보다 열등하게 대우하려고 하지 않을 것이기 때문이다.

물론 싱어는 이러한 자신의 주장이 그러한 사람들의 위상을 동물들의 수준으로 **끌어내리기**보다는, 그러한 동물들의 위상을 사람들의 수준으로 **끌어올리기** 위하여, 이러한 진술을 했다고 주장함으로써 자신을 옹호했다. 아마 그러했을 것이다. 그러나 반대자들은 싱어가 넘지 말아야 할 선을 넘었다는 비난을 멈추지 않았다.

이는 이익평등고려의 원칙이 가진 윤리로서의 어떤 치명적인 결함을 보여 준다. 그러기에 싱어도 또한 이익평등고려의 원칙이 윤리의 최소한이라고 지적하고 있다. 이러한 결함을 보완하기 위하여 우리가 추가적으로 고려해야 할 무엇이 있다. 여기에 대해서는 다음에 권리이론을 다룰 때 다시 논의하겠다.

여하튼 싱어에 따르면, 이제까지의 실험에서 동물들의 손해와 인간의 이익이 정당하게 계산되어 오지 않았으며, 특히 이러한 실험들에서 비슷한 수준의 인간을 결코 실험대상으로 삼으려 하지 않는 것은 우리의 종족주의의 발로이다.

그러므로 동물실험이 정당화되는 경우는, 같은 실험이 동물과 같은 수준의 인간에게 수행되어도 정당화될 때, 즉 피실험자의 손해가 다른 사람들의 이익에 의해서 충분히 압도될 때이다. 싱어는 이익평등고려의 원칙에 따라 이러한 기준이 적용될 때 동물실험 수가 엄청나게 줄어들 것이라 예상하고 있다.

3. 동물해방에 대한 반론들

이러한 싱어의 논의는 동물해방운동의 이론적 토대가 되었지만, 이러한 논의에 대한 다양한 반론들도 제기되었다. 싱어는 이러한 반론들에 대한 재반론을 또한 시도하고 있다. 아래는 싱어의 논의에 대한 반론과 재반론들이다.

1) 동물들의 고통을 어떻게 아는가?

우리는 사실 다른 사람의 고통을 직접 알 수 없다. 그 사람의 신경계와 나의 신경계가 분리되어 있기 때문이다. 그럼에도 불구하고 우리가 다른 사람이 고통받고 있음을 알 수 있는 것은, 그 사람의 외적 행동이 고통받을 때의 나의 외적 행동과 유사하기 때문이다.

동물들의 고통도 이와 유사한 방식으로 알 수 있다. 고통을 호소하지 못한다는 점에서 동물들은 말을 아직 배우지 못한 어린이와 같다. 말 못 하는 **어린이**의 고통을 우리가 알 수 있다면, 우리는 말 못 하는 **동물**의 고통도 알 수 있다.

척추동물의 신경체계는 사실 우리와 비슷하다. 무척추동물의 신경체계는 우리와 어느 정도 차이가 있지만, 척추동물의 신경체계는 우리와 비슷하기 때문에, 그들이 우리와 어느 정도 비슷하게 고통을 느끼리라 짐작할 수 있다.

싱어는 이 지점에서 동물이 고통을 느낀다고 믿을 수 있게 하는 어떤 근거도 식물에는 적용되지 않는다고 지적하고 있다. 물론 식물도 무엇인가를 느낀다고 하는 흥미로운 보고도 있다. 백스터Cleve Backster는 거짓말 탐지기와 같은 장치를 통하여 식물의 생체전류를 측정하여 식물이 고통을 느낀다고 주장하였지만 과학계에서는 인정받지 못하고 있다. 하지만 싱어가 지적하였듯이 식물이 느끼는 그 무엇이 우리가 느끼는 고통과 같은 것은 아닐 것이다.

2) 동물들은 서로 먹는데, 우리는 왜 먹지 말아야 하는가?

이러한 반론에 대한 재반론들 중의 하나는 이미 에스키모의 식생활을 인용할 때 제시되었다. 즉 동물은 생존을 위해 서로 잡아먹어야 하지만, 우리는 그럴 필요가 없다. 이에 덧붙여 싱어는 윤리적으로 추앙되는 인물로부터가 아니라 윤리적인 공과를 묻지 않는 동물들로부터 행위의 **윤리적 지침**을 얻으려는 시도는 전혀 맥락에 맞지 않는다고 지적하고 있다. 동물들은 다양한 대안을 고려하거나 식사의 윤리성을 반성할 능력이 없다. 하지만 우리는 바로 그러한 능력을 가지고 우리의 행동을 정당화할 수 있다. 그런데도 우리는 동물을 우리 행위의 정당화 근거로 사용할 수 있을까?

싱어는 이러한 상황을 자연의 법칙이라고 정당화하려는 시도에 대해서도 또한 비판하고 있다. 동물을 먹는 것이 자연적인 진화과정의 결과라고 하더라도, 오늘날 공장식 농장에서 가축을 대규모로 사육하는 것은 자연적인 과정이 아니라는 것이다. 게다가 이러한 정당화에서 전제되어 있는 것, 즉 자연적인 것이 좋은 것이라는 명제도 타당하지 않다고 지적한다. 싱어는 여성의 출산조절을 지적하면서 자연적인 방식이 개선될 수 있다고 지적한다.

3) 인간과 동물의 차이들

다윈의 진화론이나 린네의 분류 이후에 사람들은 인간과 동물 간의 차이가 종류의 차이라기보다 정도의 차이라는 점을 알게 되었지만, 종족주의자들은 자신의 입장을 옹호하기 위하여 인간과 동물의 차이들을 지적해 왔다.

가장 대표적인 차이는 도구를 사용한다는 것이다. 네이피어John R. Napier의 연구에 따르면 자연물을 도구로 사용하는 것이나, 자연물을 고쳐서 도구로 사용하는 것은, 동물들에게도 가능하지만, 도구를 디자인하고 제작하는 것은 인간에게만 가능하다고 한다.

싱어는 인간과 동물의 사실적인 차이가 무엇이든 간에, 지금 문제가 되는 것은 그러한 사실적 차이가 있건 없건 관계없이, 인간과 동물 **모두**가 고통을 느낀다는 것임을 지적하고 있다. 물론 인간과 동물의 지적인 차이가 이러한 고통의 정도에 영향을 미칠 수는 있지만, 여기에 대해서는 추가적인 논의가 필요하다.

흔히 이야기하듯이 지적인 차이가 인간과 동물을 구분하는 이유라고 한다면, 동물과 지적인 차이가 없는 인간에게도 우리는 동물을 대하듯이 대해야 하지만 그렇게 하지 않기에, 사실 이러한 지적 차이를 지적하는 것은 종족주의를 배경에 두고 이론적으로 정당화하는 것에 지나지 않는다고 싱어는 또한 지적하고 있다.

물론 이러한 싱어의 비판에 대하여 동물과 지적인 차이가 없더라도 인간을 달리 대해야 할 이유는 있다고 주장하는 동물해방 운동 반대론자들의 전략은 다음과 같다.

첫째로 어떤 인간이 동물과 비슷한 지적 상태에 있다고 하더라도 그 인간은 인간이라는 종에 속하기에 구분해야 한다. 둘째로 그러한 인간에 대하여 우리는 특별한 관계를 가지기 때문에 그러한 관계를 가지지 못하는 동물과 구분해야 한다. 셋째로 지적 능력의 과다는 애매하지만 종별 차이는 명확하기 때문에 명확한 구분선을 선택하여 우리의 대우정책을 수립하는 것이 안전하다.

물론 싱어는 첫째에 대해서는 종에 따라 대우하는 것은 인종에 따라 대우하듯이 고통 자체가 아니라 고통을 느끼는 존재의 분류에 따라 대우하는 것이라는 이유로 이를 배격한다. 둘째에 대해서는 특별한 관계를 인정한다면 백인의 백인에 대한 특별한 관계를 인정해서 인종차별도 용인해야 하기 때문에 이를 배격한다. 셋째 견해는 일단 우리가 어떤 방향으로 한 발자국 내딛게 되면, 우리는 우리가 가기를 원했던 것보다도 더 미끄러진다는 의미로 보통 미끄러운 경사길 논증slippery slope argument이라고 불리는 논증이다. 이에 대해서도 싱어는 자의적인 구분선을 그어서 사태를 왜곡하기보다는 공개적으로 정직한 구분선을 찾는 것이 더 적합하다는 이유를 들어서 이 또한 배격한다.

4) 윤리의 호혜성

사회계약설은 오늘날 우리의 사회적 책임과 권리를 설명하는 유용한 이론이다. 하지만 이러한 설명을 윤리에 확장하게 되면 그러한 계약 관계에 있지 않는, 즉 상호적으로 영향을 주고받을 수 없는, 즉 호혜성이 없는, 존재들에 대해서는 아무런 윤리적 책임이 없게 된다. 이러한 확장에 따를 때 근대적인 국가의 구성원들은 다른 국가의 구성원들에 대하여 윤리적 책임을 갖지 않게 된다.

그렇다고 한다면 동물들에 대한 윤리적 책임은 두말할 필요도 없다. 하지만 사회계약설이 갖는 한계는 여기서 끝나지 않는다. 공간적 거리에 의해 서로 영향을 주고받을 수 없듯이 시간적 거리에 의해 서로 영향을 주고받는 것이 불가능한 경우도 있기 때문이다. 호혜성이 없기에 우리는 우리의 먼 후손에 대해서도 마찬가지로 아무런 의무를 갖지 않아도 된다.

싱어는 호혜성을 윤리의 경계로 두는 이러한 입장이 "윤리적 판단의 기원에 대한 설명과 이러한 판단에 대한 정당화를 구분"하지 못하기 때문에 생겨났다고 지적한다. 앞에서 이미 보았듯이, 인류는 작은 공동체 내에서 진화하였으며 그리하여 우리의 윤리감은 **가까운 사람들**에게로 향해 있다. 하지만 이러한 진화과정에서 우리는 형식적 사고능력을 획득하였으며 윤리적으로 사고하려 할 때 우리는 **보편성**

을 그 기준으로 삼는다. 그러므로 호혜성을 윤리의 경계로 삼는 계약론적 입장은 윤리적 정당화의 논리와 배치된다.

싱어는 이렇게 말한다. "정당화의 문제를 살펴보면, 계약론적인 윤리설이 많은 문제를 가지고 있음을 알 수 있다. 확실히 그같은 설명은 윤리의 영역에서 동물보다 더 많은 존재들을 배제시킨다."(103-104)

3장의 주요 내용

1. 이익평등고려의 원칙을 따를 때, 인종주의가 그릇된 것이라면 종족주의도 그르다.
2. 동물을 음식으로 먹는 것은, 우리의 먹는 즐거움이 그 즐거움을 위해 동물이 겪어야 하는 고통보다 클 때에만 정당화될 수 있다. 동물을 실험의 재료로 사용하는 것도 같은 수준의 인간을 실험의 재료로 사용할 수 있을 때에만 정당화될 수 있다.
3. 다른 사람의 고통을 짐작할 수 있듯이, 동물의 고통도 짐작할 수 있다. 인간인 우리가 동물들의 행동방식을 우리의 윤리적 방식의 모범으로 삼을 필요가 없다. 지적인 차이는 고통받지 않을 이익과 무관하다. 호혜성을 윤리의 기준으로 삼는 것은 결함이 많은 이론이다.

4장
살생이 그릇된 까닭은?

싱어가 이제까지 해 온 작업은, 첫째, 윤리의 개념을 정립하고, 둘째, 이로부터 이익평등고려의 원칙을 도출하여 인간에게 적용하고, 셋째, 이 원칙을 동물에게 확장하여 적용하는 것이었다. 싱어는 이제 이 원칙으로부터 그 다음 단계로 나아가는데, 그것은 윤리의 최소한으로서의 공리주의적 원칙 이상의 것들을 고려하는 것이다.

이러한 고려를 하는 까닭은 생명을 빼앗는 문제는 이익평등고려의 원칙만 가지고서는 제대로 논의할 수 없기 때문이다. 이 장에서는 생명을 빼앗는 문제 일반에 대해 논의하고 이러한 논의를 바탕으로 다음 세 장에서는 동물 살생, 임신중절, 그리고 안락사라는 세 종류의 살생을 다루게 된다.

1. 호모 사피엔스라는 종족의 일원 대 인격체

'생명은 신성sacred하다'는 표현의 의미는 무엇인가? 우리는 생명을 가지고 동화작용과 이화작용을 하며 자기복제를 할 수 있는 생물과 그렇지 못한 무생물을 구분할 수 있다. 그렇다면 신성하다는 것은 어떤 것인가? 둥근 것인가 아니면 네모진 것인가?

신성하다는 말의 어원은 누구를 위하여 따로 떼어 놓는다는 것이다. 예전에 어머니들은 밥을 하면 아버지 밥만 따로 퍼 놓았다. 기독교에서는 처음 난 것 즉 첫물은 야훼에게 바친다. 이처럼 절대자를 위하여 따로 떼어 놓은 것, 그것이 신성한 것이다.

생명이 신성하다는 표현은 생명이 우리의 소관이 아니라 절대자의 소관이라는 이해를 보여 준다. 이는 사람의 목숨은 하늘에 달려 있다는, 즉 인명재천人命在天이라는 표현에서 볼 수 있듯이, 생명은 우리가 마음대로 만들 수 없기에 오직 절대자만이 생명을 좌우할 권능을 가지며, 따라서 우리가 절대자의 권능에 섣불리 간섭하지 말아야 한다는 이해의 반영이다.

이러한 입장에 따라서 우리는 필요하지 않으면 생명을 함부로 해치지 않으며, 특히 인간의 생명은 특별한 경우가 아니라면 절대 해쳐서는 아니 되는 그러한 것으로 간주한다. 이러한 필요성과 특별성은 과거에는 잘 정리되어 있었고 준수되었다.

그러나 싱어는 이러한 구분을 하지 않고, 인간이 '생명이 신성하다'고 말할 때, 그 의미는 '인간의 생명이 신성하다'는 것이라고 축소해서 해석한다. 그는 또 '신성하다'는 표현의 의미를 '특별한 가치를 가진다'로, 즉 '다른 생명과는 아주 구별되는 가치를 가진다'로, 해석한다.

그리고 그는 과거와 달리 오늘날 우리가 우리 부족 사람의 생명만 신성하다고 생각하는 것이 아니라 모든 사람의 생명이 신성하다고 생각하기에 이르렀으며, 이러한 신성한 생명을 해쳐도 좋은 경우란 사형이나 전쟁과 같은 특별한 경우에 한정하게 되었다고 또한 지적한다.

그리고 인간의 생명에 대한 이러한 전통적인 이해에 대하여 그는 '인간'이라는 말로써 우리가 가리키는 것이 경우에 따라 다르다는 점을 지적함으로써 인간의 생명이 신성하다는 표현에 문제가 있음을 지적한다.

'인간'이라는 표현은 두 의미로 사용될 수 있다. 그 하나는 **호모사피엔스라는 종족의 구성원**member of the species homo sapiens이라는 뜻이고, 다른 하나는 **인격체**person라는 뜻이다. 전자는 인간의 정자와 난자가 결합한 결과인 모든 사람이 인간이다. 이러한 의미로 태아도 인간이고 여러 이유로 의식을 완전히 상실한 식물인간도 인간이다.

후자는 자의식, 자기통제, 미래감, 과거감, 타인과 관계 맺는 능력, 타인에 대한 관심, 의사소통, 호기심 등과 같은 소위 '인간성의 표지Indicator of Humanhood'를 가지는 인간이다. 인격을 뜻하는 영어 단어 person은 가면을 뜻하는 그리스어 persona에서 비롯되었다. 우리 식으로 말하자면 하회탈춤에서 파계승이나 양반이라는 탈, 즉 가면이 그러한 인물들의 정체를 가리키듯이, 인격이란 한 존재가 수행하는 하나의 역할을 가리키는 것으로 이해할 수 있다.

여기서 싱어는 전통적인 견해와 아주 대립되는 혁명적인 제안을 하는데, 그것은 이러한 **인간성의 표지를 지닌 존재가 호모사피엔스라는 종족의 구성원에 한정되지 않으며**, 또 **호모사피엔스라는 종족의 구성원들 중에서도 인간성의 표지를 지니지 못한 존재들이 있다**는 것이다. 싱어는 이렇게 말한다. "우리 종족의 구성원이 아닌 인격체가 있을 수 있으며, 우리 종족의 구성원으로서 인격체가 아닌 자가 또한 있을 수 있다."(110)

이런 의미에서 태아나 식물인간은 인격체가 아니다. 그러한 존재들은 인간성의 표지들, 간단히 말해서 자의식과 합리성을 가지지 못하기 때문이다. 이에 반해 우리와의 공동의 조상에서 나뉘어 진화한 다 자란 유인원은 정도의 차이는 있지만 자의식과 합리성을 가진다고 말할 수 있다. 최근의 과학적 연구들은 많은 고등동물들에게서 인간성의 표지가 있다고 보고하고 있다.

2. 인간의 생명이 신성하다는 주장에 대한 네 평가

이처럼 호모사피엔스라는 종족의 구성원과 인격체를 구분하게 되면, 인간의 생명이 신성하다는 주장은 이에 따라 나누어 검토해야 한다. 싱어는 각각에 대하여 평가하고 있다.

1) 호모사피엔스의 생명의 가치

인간의 생명은 신성하다는 표현에서 '인간' 대신 '호모사피엔스라는 종족의 구성원'을 삽입하면, 이러한 주장은 종족주의적이다. 고통을 가하는 일의 부당함처럼 목숨을 빼앗는 일의 부당함도 인종이나 종족에 달려 있을 수 없다. 이는 '인간' 대신 '백인'을 대입해 보면 쉽게 판단할 수 있는 일이다.

역사적으로 보면 오늘날 우리가 가지고 있는 태도는 기독교적인 것이다. 기독교는 인간의 목숨을 빼앗는 일이 그 인간의 영원한 행복이나 불행의 원인이 되기 때문에, 또는 모든 것은 하느님의 소유이기에 남의 가축의 생명을 빼앗는 것이 그 소유자의 권리를 침해하는 것이듯 인간의 목숨을 빼앗는 것은 하느님의 권리를 침해하는 것이기에, 심지어는 자살조차 허락하지 않았다.

이러한 종교적 교리가 오늘날 세속적 윤리가 되었지만, 우리는 이러한 것을 비판적으로 검토해 보아야 한다. 사실 기독교 이전의 그리스인들과 로마인들이 장애를 가진 신생아에 대해 가졌던 태도는 오늘날과는 사뭇 달랐다. 그들은 장애를 가진 신생아를 계곡에 방치하여 살해하는 것을 시민의 의무로 삼았다. 그들을 따를 이유나 필요는 없지만 적어도 우리의 태도에 대한 반성은 필요하다.

2) 공리주의에서 본 인격체의 생명의 가치

인간의 생명은 신성하다는 표현에서 '인간' 대신 '호모사피엔스라는 종족의 구성원'을 삽입하지 않고 '인격체'를 삽입하면, 어떤 차이가 생겨날까? 이러한 차이를 우선 만들어내는 것은 인격체가 미래에의 욕망을 가진다는 사실이다.

인격체는 자기가 과거와 현재와 미래를 통하여 동일한 존재임을 알고 있고, 또 자신이 앞으로 하고자 하는 일을 가지고 있다. 이런 인격체의 목숨을 빼앗는 일은 그러한 미래를 빼앗는 일이기에 인격체가 아닌 존재의 목숨을 빼앗는 일과는 차이가 있게 된다.

그런데 이러한 차이가 실제로 존재하는가? 어떤 인격체가 죽고 난 다음에 그 인격체가 앞으로 하고자 했던 일을 못하게 되었다는 것이 이미 죽은 그 인격체에게 어떤 영향을 주는가? 바로 이러한 점을 지적하고 있는 것이 쾌락 공리주의pleasure utilitarianism이다.

쾌락 공리주의에 따를 때, 죽은 사람의 미래의 욕망이 충족되지 않는다는 것은 사실적 의미가 없다. 왜냐하면 그 사람이 경험하는 쾌락이나 고통의 양에 대한 계산은 그 사람이 죽는 그 순간 끝나 버리기 때문이다.

이처럼 쾌락 공리주의자들에게 인격체를 살해하지 말아야 할 직접적인 이유는 없지만, 그들은 최소한 간접적인 이유가 있다고 주장한다. 즉 내가 살해당할 가능성이 적지 않다고 생각하고 살 경우와, 적다고 생각하고 살 두 경우를 비교해 보면, 예컨대, 전쟁 중에 사는 것과 평화 시에 사는 것을 비교해 보면, 우리는 후자가 더 행복한 삶이라고 생각할 것이다.

그러므로 **인격체를 죽이는 일은** 죽임을 당하는 사람이 아니라 그러한 죽임을 알게 된 **다른 인격체의 삶의 질을 떨어뜨리기에 더 나쁘다**라고 쾌락 공리주의자들은 주장한다. 물론 이러한 죽임이 비밀리에 이루어진다면 이러한 주장은 성립하지 않는다. 목숨을 빼앗는 일을 직접적으로 비난하지 않고 간접적으로 비난한다는 것은 우리의 상식과 상당 부분 배치되는 것이기는 하지만 쾌락 공리주의자에 따르자면 그렇다.

물론 쾌락 공리주의는 전체의 쾌락을 고려하기 때문에 행복한 삶을 살 존재를, 그것이 인격체이든 아니든, 죽이게 되면 쾌락의 양이 줄어들기에 반대한다. 지금 우리가 따지고 있는 것은 인격체를 죽이는 것이 그렇게 줄어들 양을 더 크게 만드느냐 그렇지 않느냐의 문제이다.

공리주의적 입장을 취하면서도 인격체를 죽이는 것에 대하여 직접적으로 반대할 수 있는 입장도 있는데, 이는 선호 공리주의(preference utilitarianism)라고 불린다. 쾌락 공리주의가 존재의 감각적 쾌락을 고려의 대상으로 삼는다면, 선호 공리주의는 존재의 선호와의 일치 여부를 고려의 대상으로 삼는다.

쾌락이 생물학적 개념이라면 선호는 인간학적 개념이다. 선호 공리주의는 쾌락의 보편성에도 불구하고 인간에게 선호의 차이가 있음을 인정한다. 싱어는 이익평등고려의 원칙이 쾌락 공리주의보다는 선호 공리주의에 더 가깝다고 주장하고 있다.

여하튼 선호 공리주의는 죽은 사람의 선호가 무시되었다는 것이 결코 무의미하지 않다. 왜냐하면 감각적 쾌락이 존재하냐 아니냐가 아니라 선호가 무시되었느냐 아니냐가 판단의 기준이기 때문이다. 선호 공리주의에 따르면 인격체를 죽이는 일은 **죽임을 당하는 사람의 선호를 좌절시키기에 더 나쁘다.**

싱어는 이렇게 말한다. "고전적 [쾌락] 공리주의자들에게 있어서 '인격체'라는 위상은 살생의 그릇됨과는 직접적인 연관이 없다."(115) 그렇지만 "선호 공리주의자들에게 있어서 인격체의 생명을 빼앗는 것은 일반적으로 다른 존재의 생명을 빼앗는 것보다 더욱 나쁘다. 왜냐하면 자신을 미래를 가지는 실재로 볼 수 없는 존재는 자신의 미래 존재에 대하여 선호를 가질 수 없기 때문이다."(117)

3) 권리론에서 본 인격체의 생명의 가치

앞에서 본 공리주의적인 사유에 따를 때, 비밀리에 인격체를 죽이거나, 더 큰 선호 때문에 어떤 인격체의 선호를 무시하는 것은, 인격체를 죽이는 일과 인격체가 아닌 존재를 죽이는 일 사이에 차이를 만들어 내지 않는다.

하지만 인격체의 생명은 그러한 상대적인 가치가 아니라 비교되거나 교체될 수 없는 절대적인 가치를 갖는다는 주장도 있다. 이러한 주장들 중의 하나가 권리론이다. 싱어는 툴리Michael Tooley를 인용하여 이러한 '생명에의 권리'에 대한 주장을 검토하고 있다.

툴리에 따르면, 권리를 가지기 위해서는 욕망을 가져야 한다. 그러므로 미래 생명에의 권리를 가지기 위해서는 미래 생명에의 욕망을 가져야 하는데, 오직 인격체만이 미래 생명에의 욕망을 가지며, 따라서 인격체만이 생명에의 불가침적인 권리를 가진다.

인격체를 죽이는 것은 **인격체만이 가지는 이러한 불가침적인 권리를 침해하기에 더 나쁘다.** 그래서 이는 인격체가 아닌 존재를 죽이는 것과는 전혀 다른 일이 된다. 싱어는 이러한 권리론의 입장을 이해하지만, 인격체라고 해서 늘, 예컨대 잠들었을 때, 욕망을 가지는 것은 아니기 때문에 이러한 툴리의 입장이 정교화를 필요로 한다는 점을 또한 지적하고 있다.

4) 자율론에서 본 인격체의 생명의 가치

인격체가 가지는 특성들에는 미래에 대한 욕망만이 있는 것이 아니라 여러 가지 가능성 중에서 스스로 결심하고 선택하는 능력도 있다. 인격체는 미래 생활에 대한 욕망과 더불어 미래 생활에 대한 결심을 할 수 있다. 인격체를 죽이는 것은 **인격체의 자율성을 존중하지 않기에 더 나쁘다.**

인격체를 죽이는 것은 인격체만이 가지는 이러한 자율성을 침해하는 것이며. 따라서 또한 인격체가 아닌 존재를 죽이는 것과는 전혀 다른 일이 된다. 그러므로 인격체와 인격체가 아닌 존재를 죽이는 일에서의 차이는 인격체가 아닌 존재를 죽이는 일에는 자율성에 대한 고려가 전혀 필요 없지만, 인격체를 죽이는 일에서는 자율성에 대한 침해를 고려해야 한다는 것이다.

5) 인격체를 죽이지 말아야 할 이유들

이러한 논의들을 종합해 보면 다음과 같이 요약할 수 있다. 인격체가 아닌 존재보다 인격체인 존재를 죽일 경우에 우리가 범하게 되는 잘못은, 첫째, 쾌락 공리주의적인 간접적인 이유, 즉 인격체들이 죽임을 당할까봐 두려워하도록 만든다는 것, 둘째, 선호 공리주의적인 직접적인 이유, 즉 죽임을 당하는 존재의 선호를 무시하는 것, 셋째, 인격체의 불가침적인 권리를 침해한다는 것, 넷째, 인격체의 자율성을 무시한다는 것이다.

이것들이 우리가 인격체인 존재를 죽이려고 할 때, 이익평등고려의 원칙을 넘어서서 고려해야 할 사항들이다. 인격체를 죽이는 문제를 다루기 전에 인격체가 아니면서 고통을 느끼는 의식만을 가지고 있는 존재를 죽이는 일에 대하여 먼저 살펴보자.

3. 의식이 있는 생명을 죽이는 일

이익평등고려의 원칙 이상의 고려사항을 확인하였으므로, 이제 생명을 죽이는 일에 대하여 본격적으로 검토할 수 있게 되었다. 감각이 있어 쾌락과 고통을 경험하지만, 합리성과 자의식이 없는 존재를 단지 의식만을 가진 존재라고 하겠는데, 여기에는 많은 동물들과 신생아나 약간의 지적 장애인이 속한다. 이들을 죽이는 일을 검토해 보자.

1) 의식만 있는 생명을 죽이는 일에 대한 네 입장의 평가

우리 삶의 쾌락에 대하여 가치를 부여한다면 다른 생명체의 쾌락에 대해서도 가치를 부여해야 한다. 그것이 윤리의 본질이기 때문이다. 그러므로 쾌락 공리주의에 따른다면, 의식만을 가진 존재가 느끼는 쾌락이 고통보다 크다면, 그것이 그 존재를 죽이지 말아야 할 이유가 된다.

하지만 여기에는 간단하지 않은 문제가 있다. 이러한 쾌락 공리주의에 따르면 쾌락보다 고통이 클 것 같은 존재는 제거하는 것이 좋다. 일반적으로 말을 사랑하는 사람들은 말이 치명상을 입어서 더 이상 걸을 수 없게 되면 말의 고통을 덜어 주기 위하여 말을 안락사시킨다.

이러한 경우에 그 말을 죽이는 것은 윤리적인 일로 여겨지지만, 그렇다고 고통보다는 쾌락을 누릴 것 같은 말을 가능한 한 많이 번식시키는 일을 우리의 윤리로 여기지 않는다. 이러한 비대칭은 우리의 윤리적 판단이 보통 **현재 존재하고 있는 존재**에 대한 것이지 **앞으로 존재할 존재**에 대한 판단이 아님을 보여 준다.

싱어는 이 지점에서 두 가지 견해를 구분하는데, 그 하나는 '전체적 견해total view'이고 다른 하나는 '사전존재적 견해prior existence view'이다. 전체적 견해란 존재를 늘이거나 존재를 줄여서라도 쾌락을 증대시키거나 고통을 감소시키고자 하는 견해를 가리키고, 사전존재적 견해는 결정을 내리기에 앞서 이미 존재하거나 결정과 무관하게 존재하게 될 존재들만을 고려하는 견해를 가리킨다.

우리의 상식적인 견해는 고통이 더 많은 삶은 중단시키고, 행복이 더 많을 삶을 굳이 만들지 않는다는 것인데, 이는 사전존재적 견해에 가깝다. 하지만 전체적 견해에서처럼 행복이 더 많은 삶을 더 많이 만들어 내지 않을 이유를 설명하기는 어렵다. 여하튼 즐거운 삶을 중단시키는 것은, 전체적 견해에서나 사전존재적 견해에서나 정당화되지 않는다. 그러나 즐거울 삶을 더 많이 만들어 내는 것은 전체적 견해에서만 정당화되고 사전존재적 견해에서는 정당화되지 않는다. 이 부분에 대해서는 다음 장에서 조금 더 논의할 것이다.

2) 생명들의 가치에 대한 비교

다양한 수준의 생명들의 가치를 비교하여 경중을 따질 수 있겠는가라는 물음에 대하여, 상식은 '그럴 수 있다'라고 대답할 것이다. 하지만 '그러한 서열적 고려가 결국 자기중심주의가 아니겠는가? 그러므로 일단 모든 생명은 동등하다고 전제해야 한다'라는 대답도 있을 수 있다.

이러한 대답은 우리가 인종주의를 막 벗어난 종족주의자들이기 때문에 생각하는 대답일 것이다. 인종주의와 관련해서는 다양한 인종들의 생명 가치를 비교할 때 결국 자기중심주의라는 자기비판에 이르게 되고 모든 인종은 평등하다는 결론에 이르렀다.

하지만 종족주의와 관련해서는 다양한 종족들의 생명 가치를 비교할 때 반드시 그러한 결론에 이르지 않는다. 싱어는 두 존재를 비교할 수 있는 제3의 존재를 가정하는 사유실험을 통하여, 모든 존재가 그 존재 자신에게는 전부이기 때문에, 비교가 불가능하다는 입장이 유일한 입장이 아니라고 주장한다.

그래서 싱어는 자연계에 존재하는 다양한 동물들을 비교해 볼 때, 우리가 자기중심적이어서 그러한 것이 아니라, **신경체계의 복잡성의 정도**와 같은 기준에서 볼 때, 우리와 비슷한 존재가 더 가치 있는 존재라고 말할 수 있을 것이라 조심스레 주장하고 있다.

4. 의식이 없는 생명을 죽이는 일

싱어는 모든 생명에게 가치가 있다는 주장과 자주 연계되는 슈바이처Albert Schweitzer의 생명에의 외경reverence for life이라는 윤리를 인용하면서, 이러한 윤리설이 **감성적으로** 듣기에 좋기는 하지만 **논리적으로**는 문제가 있는 입장이라고 지적한다.

아프리카에서 의사로서 봉사한 슈바이처의 활동은 바로 인간에게 유해한 생명을 해쳐서 인간의 생명을 보존하는 것이었기 때문에, 모든 '살려고-하는-의지'에 대한 슈바이처의 존중은 사실상 모순을 품고 있다.

더구나 슈바이처는 심지어 그러한 의지의 사례로 고드름까지 들고 있는데, 고드름은 생명체도 아니다. 오늘날 일부 통용되고 있는 생태학적 윤리론을 고려하더라도, 기온의 변화에 따라 생성되고 용융되는 고드름에 대한 존중을 이야기하는 것은 지나치다. 물론 중국의 왕양명王陽明은 기와가 깨지는 일에 대한 안타까움을, 인간에 대한 측은지심測隱之心, 동물에 대한 불인지심不忍之心, 식물에 대한 민휼지심爛恤之心의 연장선상에서, 고석지심顧惜之心이라고 일컫기도 했는데, 이와 비교하면 이해가능하기도 하다.

여하튼 싱어는 의식이 없는 생명존재는, 즉 주로 식물은 그 생명의 가치를 합리적으로 논의하기 어려운 대상으로서 따로 그 가치를 따지지 않아도 된다고 주장하고 있다. 물론 식물의 생명의 가치를 따지는 것이 의인화이거나 의동물화일 수도 있지만, 식물과 동물과 인간으로 이어지는 생명의 연계성을 이러한 방식으로 무시하는 것은 너무 성급한 판단일 수 있다고 필자는 생각한다.

4장의 주요 내용

1. 인격체와 호모 사피엔스라는 종족의 구성원이라는 개념을 구분하면, 호모 사피엔스라는 종족의 일원이면서도 인격체가 아닌 존재도 있고, 호모 사피엔스라는 종족의 일원이 아니면서도 인격체인 존재도 있다.
2. 백인이기에 그 생명이 중요하다면 인종주의자가 되듯이, 호모 사피엔스라는 종족의 일원이기에 그 생명이 중요하다면 종족주의자가 된다. 인격체이기에 그 생명이 중요하다는 주장에 대해서 쾌락 공리주의는 간접적인 이유로, 선호 공리주의는 선호의 좌절을 이유로, 권리

론은 권리의 침해를 근거로, 자율론은 자율성의 침해를 그 근거로 인정한다.

3. 인격체가 아닌 의식이 있는 생명 즉 인격체가 아닌 동물이나 사람을 죽이는 일에는 앞의 네 입장 중 쾌락 공리주의만 관여되는데, 그 존재의 쾌락이 고통보다 클 경우에 죽임은 정당화될 수 없다. 이러한 입장은 고통보다 쾌락이 클 존재를 만들어 쾌락을 증대시켜야 한다는 주장을 포함하게 되는데, 전체론적 견해는 이를 받아들이지만, 사전존재적 견해는 이를 받아들이지 않는다.
4. 의식이 없는 생명 즉 식물을 죽이는 일에는 윤리적으로 고려할 사항이 없다고 싱어는 주장하지만, 심층생태학의 주장에 따르면 이는 지나치게 단순한 판단일 수 있다.

5장
살생: 동물살생

싱어가 살펴보려고 하는 살생의 세 경우는, 동물살생, 임신중절, 안락사이다. 싱어는 앞 장에서 이루어진 인격체와 인격체가 아닌 존재의 생명의 가치에 대한 논의를 바탕으로 삼아, 이 장에서는 동물살생을, 다음 장에서는 임신중절을, 그 다음 장에서는 안락사에 대한 자신의 견해를 피력한다.

1. 동물도 인격체일 수 있는가?

싱어는 이미 호모사피엔스라는 종족의 구성원들 중에서

일부는 인격체가 아니며, 인간이 아닌 동물들 중의 일부는 인격체라고 지적하였다. 그렇다면 인격체인 동물들에게는 앞 장에서 논의한 인격체를 죽이는 일이 더 나쁜 이유가 모두 적용될 수 있다. 그러므로 동물도 인격체일 수 있는지 여부를 신중하게 따져 보아야 한다.

기존의 이해에 따르면 동물을 **물격**이 아니라 **인격**으로 지칭하는 것은 이상하게 들린다. 하지만 싱어의 논의맥락에서, 동물이 인격체인가라는 물음은, 동물이 합리적이고 자의식적인 존재인가, 자신을 과거와 현재와 미래를 가지는 존재로 인식하는가라는 물음이다.

적어도 침팬지에 대한 연구에서는 이러한 물음에 대하여 우리는 이미 긍정적인 대답을 얻었다. 인간과 98.5%의 유전자를 공유하고 있는 침팬지는 오랫동안 인간과 유사성이 가장 높다고 평가받아 왔고, 그래서 인간과 마찬가지로 인격체일 가능성이 가장 높다고 간주되어 왔다.

하지만 이런 침팬지에게 인간의 언어를 가르치고자 하는 시도는 계속 실패하였는데, 이러한 실패는 드디어 발상의 전환을 통하여 극복되었다. 미국의 두 심리학자 알렌과 비어트릭스 가드너Allen and Beatrix Gardner는 침팬지가 언어를 배우는 데 부족한 것은 **지능**이 아니라 **발성기관**일 것으로 보았다.

그래서 그들은 귀머거리나 벙어리에게 널리 쓰이는 의사소통 방식인 수화로 어린 침팬지와 의사소통을 시도하였다. 그들이 와슈Washoe라고 불렀던 그 침팬지는 350여 개의 수화를 이해하게 되었으며, 그중에서 150여 개는 정확히 사용할 수 있었다.

이러한 수화 사용을 통하여 가드너 부부는 와슈와 어느 정도의 의사소통을 할 수 있었는데, 이러한 의사소통을 통하여 와슈가 자의식을 가지고 있으며 미래에 대한 의도를 가지고 있음을 확인하였다. 심지어 와슈는 자신을 돌보던 연구원이 아기를 유산했다My baby died고 수신호를 하자 울음Cry이라는 수신호를 하며, 인간이 눈물을 흘리는 모습을 흉내 내기까지 했다.

이러한 보고들을 통해서 우리가 이제까지 인격체라고 보지 않았던 침팬지가 사실은 인격체였으며, 다만 그들과 의사소통을 할 수단이 결여되어 있었을 뿐이라는 사실을 우리는 이제 확인하였다. 하지만 어떤 이들은 수화라는 언어가 그들을 인격체로 만들었다고 주장하기도 한다. 하지만 수화를 배우지 않은 침팬지에게서도 인격체로서의 특징을 확인한 연구보고가 충분하기 때문에 이는 성립하지 않는다.

싱어는 제인 구달Jane Goodall의 보고를 인용하며 이렇게 말한다. "만약 한 동물이 지금이 아니라 어떤 미래의 시간에 바나나를 손에 넣기 위하여 주의 깊은 계획을 세울 수 있고, 계획의 대상을 놓치지 않기 위하여 자신의 성향에 대해서도 경계를 할 수 있다면, 그 동물은 자기 자신을 일정한 시기에 걸쳐서 존재하는 개별적 존재로 인식하고 있음에 틀림없다."(137)

2. 인간이 아닌 인격체를 죽이는 것

인간이 아닌 인격체가 있다고 전제한다면, 이러한 인간 아닌 인격체를 죽이는 일은, 인간인 인격체를 죽이는 것을 반대할 이유들과 같은 이유들로, 같은 반대를 받아야만 한다. 즉 쾌락 공리주의, 선호 공리주의, 생명의 권리에 대한 주장, 자율성에 대한 주장 모두가, 이러한 인격체인 동물을 죽이는 데 반대할 이유가 된다.

단 쾌락 공리주의적인 이유는 상대적으로 약하다고 볼 수 있는데, 인간처럼 원활한 의사소통과 통신수단을 가지지 못하는 동물들이 자신들과 같은 존재가 죽여지고 있다는 사실을 인지함으로써 공포를 느낄 기회가 상대적으로 적을 것이기 때문이다.

여하튼 싱어는 호모사피엔스라는 종족의 구성원과 인격체라는 구분을 도입함으로써, 인간만이 인격체이고 동물은 결코 인격체가 아니라는 상식을 부정하며, 아울러 우리 종족의 생명이 다른 종족의 생명보다 더 중요하다는 상식 또한 부정한다. 왜냐하면 다른 종족의 어떤 구성원은 인격체이며, 우리 종족의 구성원들 중의 어떤 이는 인격체가 아니기 때문이다.

다른 종족의 구성원들 중에서 가장 인격체일 가능성이 높은 존재는 물론 침팬지이지만, 우리가 침팬지에서 확인할 수 있는 이러한 특징은 오직 침팬지에게서만 나타나는 것이 아니다. 그래서 우리가 침팬지에게서 확인하는 특징들이 보이는 다른 동물들도 인격체일 가능성이 있다.

침팬지와 가까운 고릴라도 인격체일 가능성이 농후하며, 고래나 돌고래의 소리가 언어든 아니든 관계없이 그들도 인격체일 가능성이 높다. 하지만 개나 고양이 심지어 말이나 소나 돼지도 인격체일 가능성이 없다고만 할 수 없다.

싱어는 이러한 상황에서 인격체인지 아닌지 의심되는 동물들에게 **의심의 이득**the benefit of the doubt을 주자고 주장한다. 이는 사슴 사냥꾼들의 규칙인데, 즉 만약 덤불 속에 무엇이 있는데, 그것이 사슴이라는 확신이 없다면, 그것을 쏘지 말아야 한다는 규칙이다.

침팬지는 인격체일 가능성이 아주 높기 때문에 우리는 그들에 대한 비인격적인 대우를 즉각 중단해야 한다. 하지만 의심의 이득을 준다면, 마찬가지로 수화를 사용할 수 있는 고릴라는 물론이고, 참치를 잡기 위해 불가피하게 학살하는 돌고래도 인격체로 간주하고 대우해야 할 수도 있다. 나아가 개고기를 먹지 않을 이유들이 있다면 돼지고기를 먹지 않아야 할 이유들도 있을 수 있다.

3. 다른 동물을 죽이는 것

쾌락 공리주의의 입장에서 보면, 세상에 쾌락을 늘리는 것은 좋은 일이고 쾌락을 줄이는 것은 나쁜 일이다. 그러므로 쾌락과 고통을 느낄 수 있는 의식적인 존재의 쾌락과 고통을 비교하여 쾌락이 클 경우에 그 존재를 죽이는 것은 나쁜 일이며 고통이 클 경우에 그 존재를 죽이는 것은 좋은 일이다. 일반적으로 쾌락이 더 크다고 볼 수 있기에 의식적인 존재들을, 더 큰 쾌락이 있다는 그러한 합당한 이유 없이, 죽이는 것을 쾌락 공리주의자들은 반대한다.

싱어가 인격체를 죽이는 일이 인격체가 아닌 생명체를 죽이는 것보다 더 나쁘다고 주장하는 것은 인격체로서 자의식을 가지는 존재를 죽이는 일에는 이러한 쾌락 공리주의 이상의 고려가 있어야 한다는 지적이다. 하지만 어류와 파충류와 조류와 같은 동물들은 인격체일 가능성이 거의 없어 보이기 때문에 싱어는 이것들에게는 그러한 추가적인 고려가 불필요하다고 또한 지적한다.

물론 이렇게 쾌락 공리주의의 입장에서만 보더라도 동물

을 죽이는 일에는 동물들에게 고통을 증가시키는 일들이 포함되어 있다. 도살을 위해 동료들로부터 분리되어야 할 것이며, 고통스러운 도살의 과정이 길 수도 있다. 이러한 고통들이 세상의 고통의 양을 늘리기 때문에 쾌락 공리주의자에게는 이렇게 고통을 증가시키는 일은 당연히 회피되어야 하지만, 그것이 죽임을 반대할 직접적인 이유는 아니다.

이렇게 오직 죽임만을 문제 삼을 때, 앞 장에서 논의했던 **전체적 견해**와 **사전존재적 견해**의 구분이 중요하다. 사전존재적 견해를 따를 때, 우리가 먹기 위하여 동물을 죽이는 것은 그 동물이 행복한 삶을 살 것 같은 전망을 가진다면 정당화하기 어렵다. 왜냐하면 우리가 그 고기를 먹는 쾌락이 그 동물이 삶을 살 쾌락보다 크다고 확신하기 어렵기 때문이다.

하지만 전체적 견해를 따를 때, 먹기 위하여 동물을 죽이는 것은 정당화될 수 있다. 이러한 정당화가 가능한 까닭은, 사전존재적 견해는 결정을 내리기에 앞서 이미 존재하거나 결정과 무관하게 존재하게 될 존재들만을 고려하는

데 반해, 전체적 견해는 존재의 숫자를 늘리거나 줄여서라도 쾌락을 증대시키거나 고통을 감소시키고자 하기 때문이다.

우리가 먹기 위하여 동물을 죽이는 것은 그 동물이 행복한 삶을 살 것 같은 전망을 가진다면 사전존재적 견해에서는 정당화되지 않는다. 하지만, 전체적 견해에 따라, 만약에 죽임을 당하는 그 동물을 대신할 다른 동물이 쾌락의 증대를 위하여 태어난다면, 쾌락의 상실과 더불어 쾌락의 획득이 또한 이루어지기 때문에 세상의 행복의 양은 변함이 없게 된다. 이러한 입장은 이렇게 죽여지거나 태어나게 되는 존재를 고유성이 없이 그저 쾌락이 담기는 그릇으로 간주한다. 그래서 이러한 입장을 **대체가능성 논증**replaceability argument이라고 부른다.

물론 이러한 논증은, 우리가 가정했던 것처럼 그렇게 죽임을 당하거나 태어나는 동물이 고통보다 쾌락이 많은 삶을 살 것으로 예상될 때만 성립할 수 있다. 그러므로 공장식 농장에서 죽는 것보다 못한 삶을 사는 동물이 있다면 이러한 논증은 육식을 정당화하는 것이 아니라 오히려 육식을 비판할 이유가 된다.

그런데 이러한 논증에 따르면 우리는 우리가 키울 수 있는 최대한의 동물을 키워야 한다. 왜냐하면 그것이 세상의 쾌락을 증대시키는 방법이기 때문이다. 그러나 우리는 세상의 쾌락을 증대시키기 위하여 필요 이상의 동물을 키우려고 하지 않는다.

다른 한편으로 생각해 보면 동물을 키우는 것보다 인간을 낳는 것이 쾌락을 더 증대시키는 방식이다. 왜냐하면 인간은 동물의 쾌락과 더불어 인격체를 죽이지 말아야 할 이유들로 인하여 생겨나는 추가적인 쾌락을 가지기 때문이다.

이렇게 인간의 숫자를 늘리는 것이 쾌락 공리주의의 결론이라면, 우리가 동물을 키우기보다 식물을 키우는 것이 더 효율성이 높다. 오늘날 우리는 동물들을 주로 사료를 먹여서 키우는데, 이러한 사료가 고기로 전환되는 비율은 10%에서 25%에 불과하기 때문이다. 인간이 육식습관을 버리고 채식주의자로 살면, 지금보다 훨씬 많은 숫자의 인간들이 지구상에서 충분한 식생활을 즐길 수 있다. 그런데 지금 우리는 그러한 선택들을 하고 있지 않다. 그래서 이러한 것들이 대체가능성 논증의 설득력을 약화시킨다.

우리는 일반적으로 인간과 관련해서는 사전존재적 견해를, 인간이 아닌 동물과 관련해서는 전체적 견해를 취하는 것으로 보인다. 싱어는 물론 이를 인격체와 관련해서는 사전존재적 견해가, 인격체가 아닌 존재와 관련해서는 전체적 견해가 타당하다고 지적한다.

싱어는 이렇게 말한다. "자신의 '고유한' 삶을 살아가는 개체로서 존재하지 못하는 존재를 다룰 때에 우리는 전체적 견해의 적용을 허용해야 할 것이다. 이런 경우에는 행복의 극대화만을 고려하는 것이 적합하다. 그러나 우리의 관심을 자의식적인 존재에로 돌릴 때에는 비인격적인 행복의 양보다도 더욱 중요한 일이 있으며, 지금 있지 않은 새로운 인간들을 만들어 내기보다는 지금 존재하거나 우리의 결정과는 상관없이 미래에 있게 될 사람들의 삶의 질에 최우선적으로 관심을 가지는 것이 정당화될 것이다."(146)

4. 결 론

이렇게 보면 인간이 아닌 동물을 죽이는 것이 그릇된 일인가에 대하여 간단히 대답할 수 없다. 왜냐하면 동물에도 여러 종류가 있기 때문이다. 동물은 인격체일 수도 있고, 아닐 수도 있고, 심지어는 식물상태에 가까운 동물들도 있기 때문이다.

동물이 인격체라고 간주되거나 인격체일 수도 있다고 의심되는 경우에는, 인간인 인격체를 죽이는 것에 반대하는 네 가지 이유가 모두 적용될 수 있다. 이럴 경우 비슷한 수준의 인간을 죽이는 것이 더 그릇된 것과 마찬가지로 그러한 동물을 죽이는 것도 더 그릇된 일이다.

그런데 오늘날의 동물연구는 이러한 인격체 후보군에 더 많은 동물들을 올리고 있다. 원숭이ape, 고래, 돌고래에 그치지 않고, 작은 원숭이monkey, 개, 고양이, 돼지, 바다표범, 곰도 이러한 후보로 거론되고 있다. 그래서 우리는 이들을 포함한 다양한 동물들의 살생에 더 주의를 기울일 필요가 있다.

앞에서도 지적했지만, 사실 이 지점이 싱어의 논의에서 늘 문제가 되는 지점이다. 싱어는 존재의 가치를 '**지금 이곳 아무런 관련자가 없는**'이라는 한정된 관점에서 평가하는데, 현실은 그렇지 않기 때문이다.

지금이 아니라 과거나 미래가 문제가 된다. 막 태어난 신생아나 지적 능력을 상실한 치매 노인처럼 과거나 미래에 인격체였거나 인격체가 될 존재를 고려해야 할 수도 있고, 치매에 대한 탁월한 치료법이 생긴다면 치매 노인이 다시 인격체가 될 가능성도 고려해야 하며, 이러한 이들과 관련된 사람이 늘 있는 상황에서 우리는 존재를 평가해야 하기 때문이다.

그래서 인격체인 동물을 죽이는 것이 비슷한 수준에 있는 인간을 죽이는 것과 같이 그릇된 일이라는 싱어의 주장은 독자들에게 어떤 저항감을 일으킨다. 독일어권에서 보여 준 싱어에 대한 강력한 비판은 바로 이러한 저항감의 표현이라고 보인다.

인격체가 아닌 동물, 자의식을 가지지 못하고 단지 의식만을 가지는 존재를 죽이는 것은 일정한 조건 아래서, 즉 죽임을 당하는 존재를 대체할 다른 존재가 태어나는데, 그러한 존재가 고통보다는 쾌락이 많은 삶을 살 가능성이 있다면, 그릇되지 않다. 왜냐하면 이러한 존재들은 대체가능하기 때문이다.

싱어는 이렇게 말한다. "동물이 즐거운 삶을 살고 있고, 고통 없이 죽음을 당하며, 그들의 죽음이 다른 동물에게 고통을 일으키지 않고, 한 동물의 죽음이 그렇지 않았더라면 태어나 살 수 없었을 다른 동물의 삶에 의해 대체가능한 경우에는, 자의식이 없는 동물을 죽이는 것이 그릇되지 않을 수도 있다."(147)

이는 경제적 필요에 의해서 공장식 축사에서 키우는 것이 아니라 방목하며 사육하는 인격체가 아닌 가축을 고통 없이 죽이는 것은 그릇되지 않다는 것을 의미한다. 이렇게 말한다면, 공장식 농장에서 사육될 존재들로 대체될 살생은, 그리고 대체가 일어나지 않는 야생동물들의 살생은, 정당화되기 어렵다.

하지만 요즈음 우리 사회의 골칫거리가 된 야생 돼지의 사냥을 우리는 어떻게 생각해야 할까? 쾌락 공리주의자들의 주장에 따르면 세계의 쾌락을 감소시키는 일이 되지만, 그 존재가 다른 존재 즉 인간의 쾌락을 감소시키고 있기 때문에, 쾌락의 총량을 계산해 보면 정당화될 수 있을 것이다. 그렇다고 한다면 서식밀도를 넘어서서 인간에게 피해를 주는 야생동물의 사냥은 일방적으로 비난받지 않아도 된다고 보인다.

5장의 주요 내용

1. 수화를 익힌 침팬지의 예에서 보듯이, 침팬지를 비롯한 다양한 동물들이 인격체일 가능성이 있다.
2. 인격체인 동물을 죽이는 것은 인격체인 인간을 죽이는 것과 마찬가지로 합당하지 못하기에, 인격체로 의심되는 동물에게는 의심의 이득을 주어야 한다.
3. 인격체가 아닌 동물의 경우에는 전체적 견해의 시각에서, 즉 대체가능성 논증에 따라, 그 살생이 정당화될 수 있다.
4. 결론적으로 인격체에 대해서는 사전존재적 견해를, 인격체가 아닌 존재에 대해서는 전체적 견해를 적용할 수 있지만, 전체적 견해를 적용하기 위해서는, 살생과정에서의 고통 없음과 대체 동물들의 행복한 삶이 보장되어야 한다.

6장
살생: 임신중절

1. 임신중절이라는 문제

양성생식을 하는 생물체는 모두 하나의 세포로부터 발생한다. 인간에서도 마찬가지여서 난자와 정자가 결합한 하나의 세포로부터 완전한 인간이 발생한다. 이렇게 하나의 세포가 분열하여 인간의 형태를 갖추고 어머니의 뱃속으로부터 나오게 되는 사건이 출산이다. 이러한 출산 이전의 존재를 태아라고 부르는데, 이러한 태아의 발생과정을 인위적으로 중단시키는 일을 임신중절이라고 일컫는다.

1970년 이전까지 지구의 대부분의 국가에서 임신중절은 불법이었다. 1973년 미국 대법원이 '임신 6개월 내에는 산모가 중절할 합법적인 권리를 가진다'고 판정함에 따라 적어도 미국에서는 임신중절이 산모의 권리에 속하게 되었다. 하지만 임신중절에 반대하는 사람들은 연방기금 사용 금지 등의 조건들을 붙임으로써 이러한 권리의 행사에 제한을 가하였다. 국제앰네스티 분석에 따르면 전 세계의 여성들 중 40%는 임신중절이 금지된 국가에 살고 있다. 임신중절이 허용된 국가들에서는 중절수술보다는 경구중절제 사용이 선호되고 있다.

우리나라에서는 모자보건법상 예외적인 경우를 제외하고는 1995년도부터 임신중절은 불법이다. 예외적인 경우란 본인이나 배우자가 유전적인 질환이나 전염성 질환이 있는 경우, 강간 또는 준강간으로 임신된 경우, 법률상 혼인할 수 없는 혈족 또는 인척 간에 임신한 경우 등인데, 이마저도 본인과 배우자의 동의나 법률적인 기소가 있고 난 후에나 가능하다. 여권신장론자들은 여성의 자기 신체에 대한 권리를 강조하며 선택권을 요청하고 있다.

임신중절은 산모와 태아가 연계되어 있기 때문에, 한 몸에 두 생명이 깃들어 있기 때문에 찬반 논의가 격렬한 영역으로 유명하다. 임신중절과 관련된 논의를 어렵게 만드는 한 이유는 인간존재의 발생이 점진적인 과정이기 때문에 어디서부터가 인간인지 구분선을 긋기가 어렵다는 점에 있다.

수정란은 한 인간으로 발달할 수도 있지만, 수정란의 죽음이라는 말은 별로 의미가 없어 보이며, 실제로 착상에 실패한 수정란은 여성이 알지도 못하는 사이에 자궁 바깥으로 나가 버린다. 이러한 발생과정의 다른 끝은 성인인 인간인데, 이의 죽음은 우리 사회에서 가장 심각한 문제로 간주된다. 수정란과 성인 사이 어디에 구분선을 긋느냐 하는 것이 그래서 중요하지만 적합한 선을 발견하기는 어렵다.

싱어는 이러한 임신중절과 관련하여 두 입장을 구분한다. 즉 임신중절에 반대하는 **보수주의**적인 입장conservative position과 찬성하는 **자유주의**적 입장liberal position이다. 한 존재의 가치를 그 존재가 현재 가지고 있는 존재성격에 따라 판정하는 그의 입장에 따라, 싱어는 자유주의적인 입장을 취한다. 그가 어떻게 이러한 입장을 취하는지를 살펴보자.

2. 보수주의적 입장

임신중절에 대한 보수주의적 입장은 임신중절이 살인에 준하는 일이라고 간주하며 그래서 이에 반대한다. 싱어는 그들의 핵심적 논변을 다음과 같이 정리한다.

첫째 전제: 무고한 인간존재를 죽이는 것은 그릇된 일이다.
둘째 전제: 인간의 태아는 무고한 인간존재이다.
결　　론: 그래서 인간의 태아를 죽이는 것은 그릇된 일이다.

위와 같은 내용을 가지는 보수주의자들의 주장에 대하여 자유주의자들은 둘째 전제를 문제 삼는다. 앞에서 보았듯이, 수정란은 인간존재라고 보기 어려우며, 이것으로부터 발달하고 있는 태아라도 아직은 인간존재라고 보기 어렵다고 생각하기 때문이다. 그래서 수정란이 발달해 가는 과정에서 '언제부터 그것을 인간이라고 볼 것이냐?'가 핵심적인 가늠선이 된다.

1) 출 생

일반적으로 출생은 우리의 상식과 일치한다. 출생 이전의 태아는 아직 독립적인 개체가 아니며 산모의 신체의 일부와 같다. 이런 의미에서 출생은 인간과 인간이 아닌 존재를 구분하는 유력한 후보이다.

하지만 출생을 구분선으로 삼았을 때 풀기 곤란한 문제는 **태아**와 **조산아** 간의 비교문제이다. 조산아는 발달단계로 보면 아직 자궁에 있는 정상아에 미치는 못하는 단계일 수도 있다. 하지만 어떤 이유로 자궁에서 일찍 나오게 되면 더 성숙한 정상아보다 높은 평가를 받게 된다.

싱어는 이렇게 지적한다. "존재의 위치, 즉 자궁 속에 있는가 밖에 있는가가 그 존재를 죽이는 것이 그릇된가의 여부를 결정하는 데 특별한 의미를 가질 수는 없다."(151)

물론 조산아와 정상아의 역전된 위상이라는 문제가 있기는 하지만, 필자는 싱어와 달리 이러한 존재의 위치가, 더 정확히는 존재의 산모에의 독립성 여부가, 어떤 다른 특성보다 더 설득력 있는 기준이라고 생각한다.

2) 체외생존가능성

조산아와 정상아의 위상의 역전문제를 해결하는 한 방법은 구분선을 체외생존가능성으로 삼는 것이다. 이러한 구분선은 앞에서 언급한 1973년의 미국의 판결에서 채택되었다. 판결의 내용은 대략 다음과 같은 것이었다.

국가는 잠재적 생명을 보호할 합법적인 관심을 가지며, 이러한 관심은 **체외생존**이 가능할 때에는 '강제적인' 것이 된다. '왜냐하면 태아는 그때 산모의 자궁 바깥에서 의미 있는 삶을 영위할 능력을 가질 것이기 때문이다.' 그래서 산모의 건강이나 생명이 위험에 처한 경우를 제외하고, 생존가능성을 갖게 된 이후의 임신중절을 금하는 법률은 위헌이 아니다.

하지만 체외생존가능성은 **의료기술의 수준**과 밀접한 관련이 있다. 과거에는 열 달을 채우고 태어나도 죽은 아이들이 많았지만, 오늘날에는 육삭둥이 즉 임신 6개월 만에 태어나 살아남은 아이들도 있다. 이런 까닭에 시공간에 따르는 기술수준에 따라 존재의 가치가 결정되어야 하는가라는 의문이 제기된다.

특정한 태아의 위상이 이렇게 어떤 의료기술 수준의 나라에서는 인간이 되고 그보다 못한 수준의 나라에서는 인간이 되지 못한다는 것도 문제이지만, 싱어는 태아가 살아남기 위하여 산모에게 **전적으로 의존**한다는 사실도 태아가 생명에의 권리를 갖지 못하는 이유가 될 수 없다고 지적한다.

그래서 싱어는 이렇게 말한다. "체외생존이 불가능한 태아가 산모에 의존하고 있다는 것이 산모에게 태아를 죽일 권리를 준다고 주장하는 것은 그럴듯하지 못하다."(154)

어른들도 불가피한 상황에서는 다른 사람에게 전적으로 생존을 의존할 수 있는데, 그럴 경우에라도 의존하고 있는 사람이 생명에의 권리를 가지지 못하는 것이 아니라는 것이다. 하지만 앞에서 이미 지적하였듯이, 태아가 산모에 의존하는 방식과 인간이 다른 인간에 의존하는 방식이 다르기 때문에 싱어의 이러한 비판은 그렇게 강력하지 않다고 보인다.

3) 태 동

태동이란 태아가 움직이는 것을 산모가 처음으로 느끼는

때이다. 과거에는 이때가 **영혼**이 태아에게 깃드는 때라고 생각했었다. 이렇게 보면 태동은 중요한 구분선이 될 수 있겠지만, 오늘날의 **과학**적인 입장에서 생각하면, 태동은 태아가 움직이기 시작한 후 산모가 그러한 움직임을 감지하는 어떤 시점이다.

설혹 영혼이 깃들어 태아가 움직이기 시작했다고 해도 산모가 느끼는 시간이 중요한 것은 아니며, 영혼과 육체가 별개로 존재한다는 이원론적인 사유 또한 특별한 종교적 교리에 불과한 것이기 때문에, 태동은 태아와 인간의 보편적 구분선으로 전혀 의미가 없다.

싱어는 이러한 이유들로 해서, 자유주의자들이 신생아와 태아 사이의 의미 있는 구분선을 찾는 일에 실패했다고 지적하며, 수정란이 신생아에 이르기까지의 발달이 구분선을 그을 수 없는 점진적인 과정이라는 점에서 보수주의자들이 옳다고 일단 인정한다.

3. 자유주의적 논변들

싱어가 지적하는 것처럼 태아와 신생아 사이에 구분선을 그을 수 **없다**고 하더라도, 임신중절을 찬성해야 한다고 주장하는 자유주의자들이 여전히 임신중절을 옹호할 방법이 있다. 싱어는 이러한 방법들 중에서 세 가지를 언급하고 있다.

1) 임신중절 제한법의 결과

임신중절 제한법은 임신중절을 **줄이기**도 하겠지만, 그보다 임신중절을 **지하로** 숨게 만들 것이다. 임신중절이 절실하지 않을 때 임신중절을 선택하는 경우는 흔하지 않기 때문이다. 현실을 무시하고 이상만 높은 법률들의 결과가 종종 그러하듯이, 임신중절 제한법은 많은 사람들을 범법자로 만들고, 특히 무자격자의 시술로 인하여 산모의 건강을 위험에 빠뜨리기도 한다. 이러한 이유로 임신중절 제한법은 민원의 대상이 될 수 있다.

하지만 이는 **임신중절**을 옹호하는 논변이 아니라 **임신중**

절 제한법을 반대하는 논변이다. 이는 임신중절의 윤리성이나 비윤리성에 대한 입장을 표현하고 있지 않으며, 오직 임신중절 제한법이 현실을 무시하는 다른 법들처럼 사회에서 행복을 증대시키기보다 불행을 증대시키고 있다는 주장이다.

이런 경우에 임신중절 반대론자들은 임신중절보다는 출산 후 입양과 같은 방식으로 임신중절을 쉽게 받아들일 수 있는 방안을 제시하며, 임신중절 제한법의 부작용을 최소화하려는 시도들로 임신중절 허용론자들에게 반론을 제기할 수 있다. 실제로 임신중절을 옹호하는 국제회합에 인도의 성녀라 불렸던 마더 테레사는 중절될 아이들을 자신에게 보내 달라는 편지를 보내기도 했다.

2) 법의 문제가 아니지 않은가?

임신중절 제한법에 대한 다른 비판은 임신중절은 소위 **피해자 없는 범죄**이기 때문에 법이 관여할 문제가 아니라는 것이다. 피해자 없는 범죄란 문제가 되고 있는 행위가 자유주의 사회에서 법률적인 간섭의 이유가 되는 남에게 해악을 끼치는 일이 아닌데도 불구하고 범죄로 규정되는 그러한 범죄이다.

그러한 범죄의 예를 들어 보면, 매춘, 도박, 대마초, 동성애 등이다. 이러한 행위들은 동의하는 성인인 일방이나 쌍방이 수행하는 경우 다른 사람들에게 피해를 주지 않는다. 이처럼 다른 사람들에게 피해를 주지 않는 행위를 제한하는 것은 자유주의자의 입장에서 보면 그러한 행위를 수행하는 사람의 자유를 침해하는 일이다.

이러한 범죄에 대해서 자유주의자liberalist들과 간섭주의자paternalist들은 각각 다른 입장을 취한다. **자유주의자**들은 남에게 해악을 끼치지 않는 한 개인의 자유를 침해하지 말아야 한다고 주장하는 데 반해, **간섭주의자**들은 남에게 해악을 끼치지 않더라도 본인에게 해악을 끼치거나 사회적인 해악을 일으킬 가능성이 있기 때문에 단죄해야 한다고 주장한다.

하지만 쉽게 파악할 수 있는 것처럼 임신중절을 피해자 없는 범죄라고 단정하는 것은 태아가 인간이 아니라고 단정하는 것과 마찬가지이다. 지금 논의해야 할 사항이 태아를 인간이라고 보아야 할 것이냐 말 것이냐 여부인데, 이를 미리 전제하는 것은 논리학에서 말하는 선결문제요구의 오류에 해당한다.

3) 여권신장론자의 논변

앞의 두 논변이 임신중절 제한법의 타당성에 대하여 의문을 제기한 것이었다면, 여권신장론자의 논변은 여성이 자신의 몸에 일어난 일을 선택한 **권리**를 갖는다는 취지로 임신중절을 옹호하는 페미니즘 진영의 임신중절 찬성논변이다. 싱어가 인용하고 있는 논변의 제안자는 톰슨Judith Jarvis Thomson이다.

톰슨은 다른 사람과 강제로 순환계가 연결된 여성을 가정하여, 이 여성이 다른 사람의 생존을 위하여 자신의 몸을 빌려 줄 이유가 없다는 점을 확인시키고, 강간에 의한 임신은 이와 유사한 상황으로서 이런 경우 임신중절에 반대할 이유가 없다고 지적한다.

그 다음으로 톰슨은 실수로 임신한 여성을 가정하여, 이 여성이 순간적인 실수를 했다는 오직 그 이유만으로 다른 사람의 생존을 위하여 자신의 몸을 빌려 줄 이유가 있다고 하는 것은 지나친 요구라고 주장하면서, 피임 중 실수에 의한 임신은 이와 유사한 상황으로서 이런 경우 임신중절에 반대하는 것은 지나친 일이라고 지적한다.

톰슨은 이러한 논변에서 태아가 인간이라는 것을 부정하지 않으며 오히려 일반적인 성인인 인간과 같은 위상을 가지고 있다고 전제하지만, 그녀는 태아가 **생명에의 권리**를 가졌다는 것이 **타인의 몸을 사용할 권리**를 가진다는 것은 결코 아님을 지적함으로써 자신의 주장을 정당화한다.

톰슨의 교묘한 이러한 비유는 임신중절을 반대하기 어렵게 만들지만, 이러한 그녀의 주장은 권리이론에 기초해 있다. 여성은 자신의 몸에 대하여 타인의 이익과 무관하게 절대적인 권리를 가지고 있다는 것이 그녀의 전제이다.

공리주의자들은 이러한 전제를 거부한다. 일반적으로 10개월 동안 자신의 몸을 사용하게 허락하는 것은 고통스러운 일이겠지만, 한 사람의 생명은 그러한 고통보다 더 중요한 것으로 간주될 수 있기 때문이다. 그러므로 공리주의자들은 톰슨이 가정한 경우에도 임신중절이 정당화될 수 없다고 주장할 것이다.

결국 톰슨의 논의는 어떤 전제를 갖느냐에 따라 성립하거나 성립하지 않는다. 싱어는 공리주의가 가장 보편적으로 받아들일 수 있는 윤리라고 생각하기 때문에 권리론을 전제하고 있는 톰슨의 논의에 찬성하지 않지만, 만약 권리론을 인정한다면 톰슨의 논의를 수용할 수밖에 없다고 인정한다.

4. 태아의 생명의 가치

싱어는 권리이론을 전제한 톰슨의 논변을 제외하고 보면 자유주의자들이 보수주의자들을 설득하는 데에 실패했다고 보지만, 자신이 보수주의자들의 논변을 극복할 수 있다고 제안한다. 자유주의자들이 보수주의자들의 논변에서 둘째 전제를 논박했던 것과 달리 그는 첫째 전제를 논박함으로써 보수주의자들의 논변을 격파하고자 한다. 보수주의자들의 논변을 다시 한 번 보자.

첫째 전제: 무고한 인간존재를 죽이는 것은 그릇된 일이다.

둘째 전제: 태아는 무고한 인간존재이다.

결　　론: 그래서 태아를 죽이는 것은 그릇된 일이다.

싱어는 이미 앞에서 '인간'이라는 단어가 가리키는 것이 애매하다고 지적하면서, 그 대체어로 '호모사피엔스라는 종족의 구성원'과 '인격체'를 제안했다. 이제 이를 위의 논변에 대입해 보면 다음과 같다.

'호모사피엔스라는 종족의 구성원을 죽이는 것은 그릇된 일이다'라는 전제는, '백인을 죽이는 것은 그릇된 일이다'가 인종주의적인 명제이듯이, 종족주의적인 명제로서 윤리적으로 문제가 있다. '인격체를 죽이는 것은 그릇된 일이다'라는 전제는, 둘째 전제 '인간의 태아는 인격체이다'를 거짓으로 만든다. 인간의 태아는 인격체로서의 특징을 가지고 있지 못하기 때문이다.

이렇게 보면 임신중절의 문제는 언제 인간 생명이 시작하는가가 아니라 태아가 어떠한 존재인가라는 문제이다.

싱어는 **한 존재의 현재 상태**를 **그 존재를 대우할 근거**로 보기 때문에 그에게는 태아의 현재 상태가 태아를 어떻게 대우할 것인가를 결정할 근거가 된다.

여기에서 싱어는 장애인에 대해서와 마찬가지로 태아에 대해서도 같은 특성을 가지는 동물과 같은 대우를 할 것을 제안하는데, 물론 이 지점이 싱어가 다른 사람들로부터 의심을 받게 되는 지점이기도 하다. 싱어는 이렇게 말한다. "나는 태아와 비슷한 수준의 합리성, 자의식, 의식, 감각능력 등을 가진 동물의 생명에 부여하는 것 이상의 가치를 태아의 생명에 부여하지 말자고 제안한다."(164-65)

이러한 맥락에서 싱어는 태아를 18주를 기준으로 해서 두 종류로 나눈다. 18주 이전에는 태아의 **신경체계**가 충분히 발달되지 않았기 때문에 특별히 유의할 필요가 없는 생명이라고 보고, 18주 이후의 태아는 비록 자의식을 가지지는 못했지만 의식을 가진 존재이기 때문에 신중하게 중절에 접근해야 한다고 본다.

이러한 관점에서 그는 태아에 대한 임신중절 시에 태아에게 추가적인 고통을 가하는 방법을 회피할 것을 권고한다. 우리가 대체가능성 논증을 고려할 때, 살생의 과정에서 불필요한 고통을 가하지 않을 공리주의적인 이유를 지적하였듯이, 태아에게도 그러한 배려를 수행하자는 것이다.

5. 잠재적 생명으로서의 태아

싱어는 자신의 논의가 태아의 현재 상태에 대한 평가에 근거하고 있기 때문에 잠재성을 평가하지 못한다는 것을 알고 있다. 그래서 그는 이러한 잠재성의 의미를 지적함으로써 자신의 입장을 공고히 하고자 한다. 이를 위하여 그는 보수주의자의 논증에서 '무고한'이라는 표현 대신에 '잠재적'이라는 표현을 대체하여 어떤 차이가 생겨나는가를 지적하고 있다.

첫째 전제: 잠재적 인간존재를 죽이는 것은 그릇된 일이다.
둘째 전제: 인간의 태아는 잠재적 인간존재이다.
결　　론: 그래서 인간의 태아를 죽이는 것은 그릇된 일이다.

이렇게 변경된 논증의 둘째 전제는 보수주의자들의 원래의 논증보다 더욱 강력하다. 인간이라는 말로써 무엇을 가리키든지 간에, 호모사피엔스라는 종족의 구성원이든 인격체이든 간에, 태아는 잠재적 인간임에는 틀림없다.

하지만 첫째 전제는 그만큼 약화된다. 즉 인간을 죽이는 것은 그릇된 일이지만 **잠재적 인간**은 **온전한 인간**과 같은 특징을 아직 가지고 있지 않기 때문에 죽이는 것이 그릇되다는 판단을 내리기가 쉽지 않다. 잠재적인 어떤 존재가 실제적인 어떤 존재와 같은 것이 아니기 때문이다.

태아가 잠재적인 호모사피엔스라는 종족의 구성원이라고 한다면, 잠재성의 의미가 무엇이든 간에 이는 인종주의적인 주장과 마찬가지로 혐오스러운 종족주의적인 주장이 된다. 태아가 잠재적인 인격체라고 하더라도, 인격체로서의 특징을 아직 가지고 있지 않기 때문에 인격체를 죽이지 말아야 할 네 가지 이유가 모두 적용될 수 없다.

잠재성의 의미를 고려해 보면, 잠재적 인격체를 죽이는 것이 인격체의 등장을 방해하는 것이라고 주장할 수 있다. 이러한 비판은 만약 산모가 이번에 임신중절을 하기에 다음에 새로운 태아를 잉태할 계획이라면, 대체가능성 논증과 비슷한 논리로, 성립하지 않는다. 이럴 경우에는 존재의 등장을 지연시킬 뿐, 좌절시키는 것은 아니기 때문이다. 그렇지 않다면 즉 이번 중절 이후 산모가 출산하지 않을 작정이라면 인격체의 등장이 좋은 일이라는 전제 아래 이러한 비판은 성립한다.

하지만 이러한 주장은 일반적으로 임신중절 반대론자들이 반대하지 않는 다른 행동들도 반대하는 셈이 된다. 즉 피임이나 독신생활도 잠재적 인격체의 등장을 방해하기 때문이다. 세계가 포화상태가 아니라면 이러한 일들도 잠재적 인격체의 등장을 좌절시키는 일임에 틀림없다.

임신중절에 대한 반대론들 중의 하나로 임신중절이 결코 반복될 수 없는 유전정보를 파괴하기 때문에 용인되어서는 아니 된다는 주장이 있다. 물론 고유한 유전정보는 고유한 지문처럼 고유성을 갖기는 하지만 그것이 임신중절을 반대할 직접적인 이유가 된다고 보기는 어렵다. 고유하다는 가치가 다른 가치들과 직접 연결되지 않기 때문이다.

더욱이 일란성 쌍둥이의 유전정보가 같다는 것이, 그래

서 그들에게 고유성이 없다는 것이 그들의 가치를 훼손시키지 않는다. 중절된 아기의 세포를 보관하고 있다가 나중에 발생시킬 수 있다고 해서 임신중절이 중절이 아닌 것도 아니다. 이러한 점들이 고유성에 의거하는 임신중절 반대론을 더 약화시킨다.

6. 임신중절과 유아살해

필자는 앞에서 이미 싱어와 달리 출생을 유의미한 구분선으로 삼는 것이 우리의 직관과 일치하며, 여성이 자신의 몸의 일부에 대하여 고유한 권리를 갖는다는 이념과도 일치한다고 지적하였다. 이러한 필자의 주장은 싱어의 **유아살해**에 대한 태도를 고려해 보면 더욱 강화된다.

싱어는 태아의 생명의 가치를 태아의 현재의 특징에 기초하여 평가하였듯이 유아의 생명의 가치도 유아의 현재의 특징에 기초하여 평가할 것을 제안한다. 그리고 그는 여기에 이러한 유아의 생명의 가치가 돼지나 개나 침팬지의 생명보다 못하다고 덧붙인다.

싱어는 이렇게 말한다. “만약 태아가 인격체와 같은 생명에의 권리를 갖지 못한다면, 신생아도 그와 같은 권리를 갖지 못하는 것으로, 그리고 신생아의 생명은 돼지나 개나 침팬지의 생명보다도 덜 가치로운 것으로 보인다.”(170)

이러한 싱어의 직관은 우리의 상식과는 너무도 배치되기 때문에 결코 쉽게 받아들일 수 없다. 인간이나 동물이나 어린 생명들은 모두 귀여움으로써 자신들의 무력성을 보완하고 있기 때문에 이러한 생명체들을 해치기는 쉽지 않다. 그들의 무장은 진화의 결과일 것이며 우리가 어린 생명을 각별히 생각하는 이유이기도 할 것이다.

하지만 싱어는 우리가 이러한 특징에 현혹되어 감성적으로 판단하지 말고 이성적으로 판단할 것을 촉구한다. 그리고 또 우리가 유아에게 특별한 가치를 부여하는 것이 유대-기독교적인 가치라는 점을 지적한다. 왜냐하면 유대-기독교 문화권 밖에서는 유아살해를 인정했던 많은 경우들을 발견할 수 있기 때문이다.

싱어는 특히 나중에 유대-기독교 문화권에 속하게 된 그리스와 로마의 경우를 지적하는데, 이들 지역에서도 기독교가 전파되기 이전까지 유아살해는 허용되었을 뿐만 아니라 태어난 유아가 장애아를 갖고 있을 경우에는 유아살해가 도덕적 의무였음을 또한 상기시키고 있다.

하지만 싱어는 유아살해가 그 유아의 부모들에게 깊은 영향을 주기 때문에 부모에 의하지 않은 유아살해는 동일한 위상의 동물살해와는 다른 성격의 일이라는 점을 인정한다. 하지만 싱어는 임신후기의 태아를 죽이는 것의 본질적 그릇됨과 신생아를 죽이는 일의 본질적 그릇됨이 특별히 다른 것이 아니라는 점을 들어, 유아살해의 **정서적 의미**가 아니라 **이성적 의미**를 파악할 것을 촉구한다.

물론 싱어가 지적하는 것처럼 신생아의 생명의 가치를 객관적으로 평가하는 것도 일리가 있는 일이다. 하지만 신생아의 잠재성에 대한 싱어의 평가가 과연 적합한 것인가에 대해서는 의문이 있다. 그가 지적한 것처럼 왕세자는 왕이 아니다. 하지만 왕세자는 미래의 왕으로서의 다른 존재가 결코 가질 수 없는 위상을 갖는다.

신생아도 인격체가 아니지만 미래의 인격체로서 돼지나 개나 침팬지가 결코 가질 수 없는 위상을 갖는다. 그래서 필자는 우리의 직관과 일치하게 출생을 유의미한 구분선으로, 그리고 신생아에 대한 평가를 싱어가 평가하는 것보다 훨씬 높게 평가해야 한다고 생각한다.

6장의 주요 내용

1. 임신중절에 대한 논쟁에서 태아가 언제부터 인간이냐가 중요한 기준선이 된다.
2. 태동은 가장 신뢰하기 어려운 기준선이며, 출산은 조산아의 문제가 있고, 체외생존 가능성은 기술수준의 문제가 있기 때문에, 이러한 선을 그어 중절을 정당화하기는 어렵다.
3. 임신중절제한법은 기대하지 않은 역효과를 나을 수 있으며 피해자 없는 범죄일 가능성이 있다. 하지만 이러한 지적은 법을 반대할 이유이지 임신중절을 옹호할 이유는 되지 못한다. 여성해방론자의 임신중절 옹호는 권리론을 부정하지 않고서는 반박하기 어렵다.

4. 태아의 현재가치를 기준으로 판단한다면, 태아에 대한 평가는 신경계가 확립되는 18주를 기준으로 달라진다. 그 이전에는 의식적인 존재가 아니며 그 이후에는 의식적인 존재라고 볼 수 있다. 따라서 의식적인 존재 이전의 중절은 정당화될 수 있으며, 의식적인 존재의 중절은 다른 태아로 대치될 수 있다는 조건부로만 정당화될 수 있다.
5. 잠재적 인격체로서의 태아의 등장을 좌절시키는 것을 임신중절을 반대할 이유로 간주하게 되면 피임이나 독신생활도 같은 이유로 반대해야만 한다.
6. 임신중절이 정당화될 수 있다면 유아살해도 정당화될 수 있다. 임신말기의 태아와 출생초기의 신생아는 그 존재 자체의 가치에서 특별히 다른 점이 없기 때문이다.

7장
살생: 안락사

'안락사'의 사전적 정의는 '편안하고 수월한 죽음'이다. 지금 살고 있는 삶이 너무도 고통스러운 상황에서 차라리 죽음을 선택하는 것이 안락사이다. 죽는 사람의 존엄을 지키기 위한 죽음이라는 뜻으로 존엄사라고 부르기도 한다. 이러한 죽음을 스스로 선택한다면 그것은 자살이거나 조력을 받는 자살이다.

한 인간의 생명이 그 자신의 것이 아니라 절대자의 것이라고 생각하는 입장에서는 안락사는 스스로 선택한 것이든 남에게 강요된 것이든 절대자의 권리를 침해하는 것으로서 허락되지 않는다. 서양 의학의 아버지라 불리는 히포크라

테스의 정신을 따르는 의사들은 설령 요청을 받는다고 해도 독약을 주지 않을 것이며, 그러한 충고도 하지 않을 것이라고 선서해 왔다. 이렇게 보면 서양의 두 전통인 헤브라이즘과 헬레니즘 모두에서 안락사는 거부되었다.

게다가 히틀러의 제3제국은 유대인들을 지구상에서 몰아내기 위하여 절멸계획을 세웠는데, 이는 외과의사의 기본적인 태도에서 약간의 변경, 즉 **살 만한 가치가 없는 삶**이 있다는 태도의 수용과 더불어 시작되었다. 홀로코스트에 놀란 인류는 이러한 태도를 결코 수용하지 말아야 할 것으로 간주하게 되었다.

이렇게 보면 안락사에 대한 반대는 서구의 일반적 전통이었고, 20세기의 비극적 사건을 통하여 더욱 강화되었다고 하겠는데, 오늘날 안락사에 대한 우리의 윤리적 태도는, 평등이나 임신중절과 같이 급격한 변화를 겪고 있다.

2002년 네덜란드를 시작으로 벨기에, 룩셈부르크, 스위스, 콜롬비아, 캐나다가 안락사를 허용했으며, 미국의 경우 1994년 오리건을 시작으로 워싱턴, 몬태나, 버몬트, 캘리포니아 주에서 안락사를 허용하고 있다. 이러한 안락사에 대한 태도변화는 시험관 아기에 대한 태도변화와 비교되고 있다.

1. 안락사의 유형들

1) 자의적 안락사

자의적 안락사voluntary euthanasia는 죽어 가는 사람의 **요청**에 의해서 수행되는 안락사를 가리킨다. 이러한 안락사는 다른 사람의 도움을 받는 자살과 거의 구별할 수 없다. 죽어 가는 사람이 죽음에 이르는 과정을 스스로 진행할 수도 있고 그럴 수 없는 사람의 경우에는 다른 사람에게 그러한 진행을 부탁할 수도 있다. 이러한 요청은 사전에 이루어지겠지만, 의식을 없을 경우를 대비하여 문서나 영상으로 미리 준비하여 놓았을 경우도 있다.

2) 반자의적 안락사

반자의적 안락사involuntary euthanasia란 죽여지는 사람에게 동의의 능력이 있음에도 불구하고 동의를 받지 않고 **요청**

없이 수행되는 안락사를 가리킨다. 이런 경우는 상상하기 힘든데, 예컨대 포로가 되면 잔혹한 고문을 당하고 죽임을 당할 것임을 모르는 사람이 포로가 될 상황에 처했을 때 동료가 그를 위하여 그의 의사를 묻지 않고 그를 살해하는 경우가 이에 해당할 것이다. 이는 이러한 드라마틱한 경우를 제외하고 나면 상상하기 어려운 안락사이다.

3) 자의와 무관한 안락사

자의적 안락사도 아니고 반자의적 안락사도 아닌 안락사는, 자의와 무관한 비자의적 안락사nonvoluntary euthanasia이다. 이런 경우란 죽여지는 사람이 삶과 죽음 사이의 **선택을 이해할 능력이 없어** 안락사에 동의하거나 거부할 능력이 없는 경우인데, 사고나 노환으로 인해 정신적 능력을 상실하였지만 사전에 자신의 안락사에 대한 의사를 밝혀 놓지 않은 성인이나 아직 성인으로서의 지각력을 가지지 못하는 어린 아이들이 이러한 안락사의 대상일 수 있다.

2. 자의와 무관한 안락사의 정당화

1) 결함아의 안락사

싱어가 우선 생각하고 있는 자의와 무관한 안락사의 예는 심한 장애를 가지고 태어나 그녀의 삶이 결코 행복할 수 없는 유아들의 경우이다. 이들은 삶과 죽음을 선택할 능력을 결코 가진 적이 없는 의식적인 존재일 뿐이기 때문에 앞에서 의식적인 존재의 죽음을 다룰 때 채택했던 원칙들에 의거하여 간단히 정당화 여부를 논의할 수 있다.

싱어는 이러한 결함아의 안락사는 유아살해의 경우와 마찬가지로서 그 결함아의 현재의 특징을 고려할 때 다른 의식적인 존재를 죽이는 것과 다를 바가 없다고 지적한다. 자의식적이지 않은 존재를 죽이는 일에는 싱어의 논의 내에서는 쾌락 공리주의적인 이유만이 적용된다. 그들이 쾌락을 누릴 것인가 고통을 겪을 것인가가 구분선이다.

싱어는 오히려 이러한 상황에서 고려해야 하는 것은 부모들의 태도의 차이라고 지적하는데, 쾌락과 고통을 계산할 때는 부모가 겪을 쾌락과 고통도 합산해야 마땅하기 때문이다. 일반적으로 정상아가 살기를 원하는 만큼 장애아가 죽기를 부모들이 원할 수도 있다. 자의와 무관한 안락사는 대개 부모와 같은 관련자의 희망에 의거하여 수행되며, 그들과 죽여지는 사람들의 고통을 덜기 위해서 수행된다.

심각한 장애를 가져서 쾌락보다 고통이 더 크다는 것이 확실하면 안락사는 쉽게 선택될 수 있다. 하지만 혈우병과 같이 경미한 장애를 가지고 태어나는 장애아의 경우는 어떤 관점을 선택하느냐에 따라 결론이 달라질 수 있다.

사전존재적 견해는 혈우병 아이의 안락사를 반대할 수 있다. 이는 쾌락과 고통을 비교했을 때에 고통이 절대적으로 클 것이라 볼 수 없으며, 추가적인 다른 아이를 고려하지 않기 때문이다. 하지만 **전체적 견해**를 취하면 대체할 아이가 있느냐에 따라 고려가 달라질 수 있다. 전체적 견해는 죽여지는 아이의 행복보다 더 큰 행복을 갖는 다른 아이가 존재할 것이라는 계산 아래 안락사를 찬성한다.

이러한 안락사는 이론적으로는 이해할 수 있지만, 현실적으로 선택하기는 쉽지 않다. 왜냐하면 이미 아이는 태어났으며 충분히는 아니더라도 어느 정도의 행복한 삶을 살

가능성이 있기 때문이다. 상식적으로 다른 아이를 낳을 수 있으니 경미한 장애를 가지고 태어난 아이를 죽이자고 제안하기는 어렵다.

그러나 싱어는 우리가 양수검사를 통하여 태아가 사소한 장애를 가지고 있다면 쉽게 임신중절을 선택하면서도 일단 태어났다는 이유로 비슷한 발달단계에 있는 유아를 살해하는 것을 부정적으로 생각하는 것은 논리적 일관성이 없는 것이라고 지적하며, 이러한 안락사를 옹호한다.

싱어도 또 이러한 안락사가 즉 유아살해가 임신중절보다 더 큰 이익을 줄 수 있다고 주장함으로써 임신중절보다 유아살해를 선호한다. 왜냐하면 유아가 일단 태어나면 자세한 검사를 통하여 장애여부를 더 잘 알 수 있고 그래서 불필요한 임신중절을 줄일 수 있기 때문이다.

혈우병의 경우 여성은 문제가 되지 않기에 남성인 태아를 중절시키게 되는데 확률적으로 50%의 남아만이 혈우병 환자이다. 만약 임신중절 대신 유아살해를 선택하게 되면 불필요하게 중절되는 50%를 살릴 수 있다. 그래서 싱어는 태어난 아이를 죽이는 것이 고통스럽기는 하겠지만 부모에게 선택의 기회를 주는 것이 타당하다고 주장한다.

싱어는 이렇게 말한다. "많은 여성들은 출산 후 유아살해보다는 양수검사와 임신중절을 선호할 것이다. 그러나 도덕적으로 전자가 후자보다 더 나쁜 것이 아니라면, 전자도 여성자신이 선택하도록 내버려 두어야 할 하나의 선택지인 것으로 보인다."(189)

물론 혈우병을 갖고 태어날 아이가 입양이 될 수 있다면 그를 죽이는 것은 정당화될 수 없다. 그를 죽이지 않고도 다른 아이가 태어날 수 있기 때문이다. 논의의 편의상 논의를 장애아에 한정했지만, 이러한 논의는 이와 다른 경우인 정신연령이 여전히 유아수준인 좀 더 큰 아이들이나 어른들에도 적용할 수 있다.

2) 자의와 무관한 안락사의 다른 경우들

과거에는 선택의 능력을 가졌으나 지금은 사고나 노령으로 인해 선택의 능력을 상실하였고 이전에 자신의 안락사에 대한 희망을 표현하지 않은 사람들이 이러한 다른 경우들에 해당한다. 우리가 흔히 식물인간이라고 부르는 사람들이 대표적인 사례가 될 것이다.

우리가 식물인간이라고 부르는 사람들은 자극에 대한 반응이 없는 사람들을 가리키는데, 그들에게 의식이 없다고 볼 수 있지만, 자세한 연구에 따르면 그들 중의 40% 정도는 부분적으로 또는 전적으로 의식은 있지만 뇌손상에 의해 외부자극에 반응할 수 없는 상태라고 알려져 있다.

싱어는 그들에게 자의식도, 의식도 없기 때문에 그들의 자의와 무관한 안락사는 유아들에 대한 안락사와 마찬가지로 정당화될 수 있다고 주장한다. 다만 차이가 있다면 이들의 안락사가 다른 사람들에게 자신도 그렇게 될 가능성이 있다는 우려를 낳기 때문에 고통을 불러올 수도 있다는 점이다.

싱어는 이러한 우려에 대하여 자신이 자의와 무관한 안락사를 당하기를 원하지 않는 경우 이를 사전에 등록해 둠으로써 간단히 방지할 수 있다고 주장하고 있다. 실제로 이러한 안락사를 원하지 않을 사람이 별로 많지 않을 것이기에 이러한 문제는 무시할 수 있다고 보인다.

3. 자의적 안락사의 정당화

기존의 전통과 간섭주의적인 윤리관에 따라서, 앞에서 언급한 국가들과 미국의 몇 주들을 제외하면, 대부분의 나라에서 안락사는 법률적으로 허용되지 않는다. 이러한 상황에서 고통 속에서 살아가는 사람들은 안락사를 허용하는 법의 제정을 촉구하고 있다.

자의적인 안락사는 자의식적인 존재의 자기 선택에 의거하고 있기 때문에 **인격체를 죽이는 데에 반대할 네 가지 이유 모두 안락사를 찬성할 이유**가 된다. 인격체를 죽이는 일이 심각한 일인 만큼, 인격체의 안락사를 거부하는 일도 마찬가지로 심각하다.

첫째, 쾌락 공리주의가 말하는 두려움은 이번에는 죽음을 선택할 수 없을 수도 있다는 두려움이 되어 안락사를 찬성한다. 죽임을 당할까봐 두려워하는 것이 죽임을 반대할 이유이듯이, 죽음을 선택하지 못할까봐 두려워하는 것이 안락사에 찬성할 이유가 된다.

둘째, 살고자 하는 선호나 죽고자 하는 선호나 모두 선호

이기 때문에, 선호 공리주의는 살고자 하는 선호를 존중하여 죽임을 반대하듯이, 죽고자 하는 선호를 존중하여 안락사에 찬성한다.

셋째, 권리란 가질 수도 있지만, 포기할 수도 있는 것이다. 그러므로 생명에의 권리를 가진다는 것은 또한 포기할 권리까지도 포함된다. 그러므로 생명에의 권리가 존중되어야 하듯이 생명을 포기할 권리도 또한 존중되어야 하기에, 권리론자들은 안락사에 찬성한다.

넷째, 자율성에 대한 존중은 당사자의 자율적인 의사에 대한 존중을 의미한다. 그러므로 당사자가 살기를 원하는데 죽음을 가하는 것이 잘못인 만큼, 당사자가 죽기를 원하는데 그것을 가로막는 것도 잘못이다. 그래서 인간의 자율성을 옹호하는 사람들도 안락사에 찬성한다.

이렇게 인격체를 죽이지 말아야 할 이유가 모두 안락사를 허용해야 할 이유가 되기 때문에 자의와 무관한 안락사보다 자의적인 안락사를 정당화하기가 훨씬 쉽다. 하지만 임신중절 제한법에 대한 반론처럼, 안락사 허용법에 대한 반론도 있다.

안락사가 법제화된다면, 임신중절 제한법이 법제화되었을 때와 같은 부작용이 과연 없을 것인가? 병들고 나이 든 사람들이 그들의 자녀나 친척들에 의해 빨리 삶을 끝내도록 강요받지 않을까? 실제적으로는 살인인데 안락사를 요청한 것처럼 가장되지 않을까? 이러저러한 강요가 없다고 하더라도 병고에 시달리고 약에 취한 환자들의 요청이 제정신을 가지고 하는 요청일 수 있을까?

싱어는 이러한 이의제기에 대하여 합법적인 **안락사에 요청되는 일반적인 조건들**이 이러한 문제를 해결해 준다고 본다.

① 두 사람의 의사에 의해서 심각한 고통이나 이성적 능력의 상실을 일으킬 것으로 예상되는 치유될 수 없는 질병으로 고통받고 있다고 진단을 받고,

② 제시된 안락사를 시행하기 최소한 30일 전에 두 사람의 독립된 증인 앞에서 ①과 같은 상황이 발생하였을 경우에 안락사를 시키도록 서면으로 요청한 사람을 대상으로

③ 이러한 요청은 언제나 철회될 수 있고

④ 안락사의 순간에 환자가 동의할 수 있다면 여전히 안락사를 원하는지 확인하고 오직 의사에 의해 안락사가 수

행되어야 한다.

이러한 조건이 부가된다면 안락사의 법제화에 따르는 부작용이 거의 방지될 것이라고 싱어는 주장하지만, 적합한 간호를 받는다면 안락사가 결코 필요하지 않다는 주장도 있다. 호스피스 운동의 주창자인 퀘블로-로스Elisabeth Kuebler-Ross가 이러한 주장을 전개하였으며, 싱어도 이러한 주장에 반박하지 않으며 다만 이러한 간호를 받을 기회가 충분하지 않다는 점을 지적한다.

그리고 또한 싱어가 지적하는 것은 이러한 간호가 주어진다고 하더라도 안락사의 선택을 제한하는 것은 너무 간섭주의적이라는 점이다. 자유주의자들은 남에게 해를 끼치지 않는 한 개인의 자유를 제한하지 말 것을 요구하며, 이러한 의미에서 자의적인 안락사는 피해자 없는 범죄이기 때문에 자의적인 안락사를 금지하는 것은 간섭주의적이다.

물론 왜 마약 섭취에 대해서는 간섭주의적 금지를 용인하면서 안락사에 대해서는 간섭주의적 금지를 용인하지 않느냐라는 이의제기도 가능하다. 하지만 중독에 의해 강제되는 비합리적인 마약의 선택과 자의적이고 합리적인 안락사의 선택은 같은 것으로 간주될 수 없다고 싱어는 지적한다.

4. 정당화 불가능한 반자의적 안락사

자의적 안락사를 정당화하기 용이한 만큼이나 반자의적 안락사는 정당화하기 어렵다. 왜냐하면 인격체를 죽이는 데에 반대할 네 가지 이유가 이번에는 모두 반자의적 안락사를 반대할 이유가 되기 때문이다.

극단적인 참혹함으로부터 어떤 사람을 구해 내기 위하여 간섭주의적인 근거로 반자의적인 안락사를 정당화하는 것이 전혀 불가능한 것은 아니지만, 현실적으로 상상하기는 결코 쉽지 않다.

이처럼 반자의적 안락사는 현실적으로 상상하기 어렵기 때문에 싱어는 실천적인 목적을 위하여 반자의적 안락사를 반대하는 규칙을 세우는 것이 좋겠다고 주장하였다. 즉 죽음을 선택할 능력을 결여하고 있거나, 죽음을 선택할 능력을 가지고 선택하는 사람들에게만 허용하자는 것이다.

싱어는 이렇게 말한다. "우리는 죽여지는 사람이 다음과 같을 경우에만 안락사는 정당화될 수 있다고 말할 수 있을 것이다.

① 자신의 계속적인 생존과 종말 간의 선택을 이해할 능력을 결여하고 있기 때문에, 죽음에 동의할 능력을 결하고 있거나,

② 자신의 계속적인 삶이나 죽음을 선택할 능력을 가지고 있고 또 관련된 모든 것을 알고서도 자의적으로 그리고 확고하게 죽겠다고 결심했을 경우."(201)

5. 적극적 안락사와 소극적 안락사

심각하거나 사소한 장애아를 임신했거나 임신했을 가능성이 있는 경우 임신중절이 의료관행이듯이, 심각한 장애아가 출생했을 경우 필요한 처치를 하지 않음으로써 일찍 죽음에 이르게 하는 것도 마찬가지로 의료관행이다.

의사들은 이렇게 **처치하지 않은 것**에 대해서는 책임지지

않지만, **처치한 것**에 대해서는 책임을 지는데, 이러한 태도는 **행위와 무위의 구분**acts and omissions doctrine이라는 입장에 따르는 것이다. 이는 독약을 주사하는 것은 그릇된 일이지만 항생제를 주사하지 않는 일은, 설혹 그것이 죽음을 가져오더라도, 그릇된 일이 아니라는 입장이다.

이러한 입장은 보통 부정문의 형태를 띠는 규칙들에 의거하는 윤리rule-based ethics 즉 규칙론에 의하여 정당화된다. 이러한 규칙론은 사회구성원들이 큰 부담을 지지 않고 윤리적 의무를 다하게 함으로써 윤리적 책임을 쉽게 그래서 엄격히 준수하게 만든다.

하지만 결과론consequentialism의 입장에서 보면 이러한 규칙론은, 그리고 이러한 규칙론에 따르는 행위와 무위의 구분은 무의미하다. 어떤 일을 하여 죽음에 이르는 경우와 어떤 일을 하지 않아 죽음에 이르는 경우가 있다면 결과론자들에게 두 일은 같은 일이다. 왜냐하면 같은 결과를 가져오기 때문이다.

싱어는 결과론적 입장에 찬성하기 때문에, 아무것도 하지 않는 것도 하나의 자의적인 선택이며, 어떤 일을 한 것에 대하여 책임을 져야 하듯이, 어떤 일을 하지 않은 것에 대해서도 책임을 져야만 한다고 주장한다.

안락사와 관련해서는, 아무것도 하지 않아서, 즉 죽도록 방치하여 편안한 죽음에 이르는 것을 **소극적 안락사**라고 부르며, 무엇인가를 해서 편안한 죽음에 이르는 것을 **적극적 안락사**라고 부른다. 일반적으로 소극적 안락사는 쉽게 받아들이지만, 적극적 안락사는 쉽게 받아들여지지 않는다.

우리나라의 경우에도 소극적 안락사는 2016년에 존엄사death with dignity를 목적으로 제정된 소위 웰다잉법well-dying law에 의해 2018년부터 시행될 예정이지만, 적극적 안락사는 여전히 살인에 준하는 행위이다.

이 법은 ① 회생 가능성이 없고, ② 급속도로 증상이 악화되어 사망에 임박해 있고, ③ 치료해도 회복되지 않는 환자를 대상으로 ① 심폐소생술, ② 혈액투석, ③ 항암제 투여, ④ 인공호흡기 착용 등 네 가지 연명의료를 중단할 수 있도록 하는 내용을 담고 있다.

싱어는 우리가 이러한 소극적 안락사를 선택한다면, 당연히 적극적 안락사도 선택해야만 한다고 주장한다. 왜냐하면 규칙론에서는 이러한 구분이 가능하지만 결과론에서는 이러한 구분이 불가능하기 때문이다.

싱어는 이렇게 말한다. "죽도록 방치하는 것, 즉 '소극적 안락사'는 어떤 경우에는 이미 자비롭고 적합한 행위과정으로서 받아들여지고 있다. 죽임과 죽도록 방치함이 아무런 본질적인 차이를 가지지 않는다면, 적극적인 안락사 또한 어떤 환경에서는 자비롭고 적합한 것으로 받아들여져야 할 것이다."(207)

이에 더하여 싱어는 안락사를 고려하는 대상이 결국 죽음에 이르게 된다면 고통을 지연시키는 소극적 안락사보다는 고통을 빨리 덜 수 있는 적극적 안락사를 적극 선택해야만 한다고 주장한다.

반려동물이 치료할 수 없는 심각한 고통을 겪고 있는 경우에 우리는 안락사를 시키는 것이 마땅하다고 생각한다. 하지만 인간 생명의 신성함이라는 교리에 따라서 우리는 인간이 치료할 수 없는 심각한 고통을 겪고 있는 경우도 안락사를 금기시한다.

싱어는 한 존재가 호모사피엔스라는 종족의 구성원이라

고 해서 비슷한 정신능력을 가진 다른 종의 구성원보다 **더 좋은** 대우를 받아야 할 이유가 될 수 없듯이, **더 나쁜** 대우를 받아야 할 이유도 될 수 없다고 지적한다.

싱어는 이렇게 말한다. "말에게 그렇게 할 경우에는 그것이 명백히 그릇된 일이라고 보면서도, 결함아에게 그렇게 하는 것이 마찬가지로 그릇된 일이라고 생각하지 않은 까닭은 인간생명의 신성함이란 교리에 대한 우리의 잘못된 존경, 오직 그것 때문이다."(209)

6. 미끄러운 경사길: 안락사로부터 대량학살로?

안락사의 법제화에 대한 하나의 강력한 반대는 안락사가 대량학살로 미끄러져 들어가는 첫 단계일 수도 있다는 주장이다. 나치즘의 홀로코스트에 충격을 받은 인류는 나치즘을 연상시키는 무엇이든 긴장의 눈길로 바라본다.

나치가 안락사를 수행한 것은 맞지만, 나치가 아우토반을 만든 것도 맞다. 그렇다고 해서 아우토반을 만들거나 안락사를 수행하는 것이 나치와 같이 된다는 것은 아니다. 그리고 나치의 안락사는 자의적인 안락사도 아니고 자의와 무관한 것이라기보다는 종종 반자의적인 것이었다.

나치가 절멸계획은 세운 것은 안락사 때문이 아니라 인종주의 때문이었다. 인종주의에 대한 경계가 필요한 것이지 안락사에 대한 경계가 필요한 것은 아니다. 나치의 살 만한 가치가 없는 삶이라는 판단은 **직관**적인 수준에서는 두려움을 일으키지만 사실 우리의 **관행**에는 명제화되지 않았을 뿐 이러한 내용이 포함되어 있다.

어떤 이들은 굳이 인종주의 정권이 아니더라도 야만적인 정권이 법제화된 안락사를 오용할 것이라고 걱정하기도 한다. 이런 정권이라면 안락사가 아니더라도 얼마든지 정적의 생명을 빼앗을 수단들을 가지고 있으며, 안락사는 그러한 것들 중의 하나에 불과할 것이다. 비양심적인 정부가 안락사를 오용할 수 있다면, 그러한 정부가 생겨나지 않도록 하는 것이 해결책이지 안락사를 거부하는 것이 해결책은 아니다.

반드시 정부의 문제가 아니라고 하더라도, 무고한 인간을 직접적으로 죽이는 일을 금지하는 현재의 엄격한 규칙이 작동 가능한 경계선을 확실히 보여 주고 있기 때문에, 이것을 유지하지 않으면 수용 가능한 살해의 경계선이 뒤로 계속 밀어붙여져 자의적인 살해가 일어날 수도 있다. 우리는 미끄러운 경사길로 미끄러져 내려가고 말 것인가?

사실 의료인 두 사람의 동의 아래 안락사가 행해지는 것은 은밀하게 행해질 수도 있는 안락사보다 훨씬 인간의 생명에 대한 안전장치가 된다. 역사적으로 어떤 범주의 인간을 죽여도 된다는 규범이 다른 범주의 인간을 죽여서는 아니 된다는 규범을 무효화시키지 않은 예들이 얼마든지 있다.

그래서 싱어는 이렇게 말한다. "만약 이들 사회가 한 범주에 대한 자신의 태도를 다른 범주에 전이함이 없이 인간을 각각 다른 범주로 구분할 수 있었다면, 보다 세련된 법률체계와 보다 큰 의료적 지식을 가진 우리도 같은 일을 할 수 있을 것임에 틀림없다."(214)

7장의 주요 내용

1. 안락사는 죽음을 앞둔 사람의 자의를 기준으로 자의적 안락사, 반자의적인 안락사, 그리고 비자의적인 안락사로 구분된다.
2. 비자의적인 안락사로서 결함아의 안락사는 대개 부모의 희망에 의해서 수행된다. 경미한 결함을 가진 유아의 안락사는 사전존재적 견해에서는 정당화되기 어렵지만, 전체적 견해에서는 정당화될 수도 있다. 이러한 유아살해가 실제적으로는 임신중절보다 죽임의 숫자를 줄일 수도 있다. 노년이나 사고로 인한 식물인간의 안락사도 이에 준한다.
3. 자의적인 안락사에서는 죽이지 말아야 할 네 가지 이유가 모두 죽임을 찬성해야 할 이유가 되기에 정당화하기가 보다 쉽다. 법제화된 안락사의 오용가능성에 대처하기 위해서 30일 이전에 두 사람의 의사의 진단과 두 사람의 증인

을 조건으로 하는 철회 가능한 그리고 최종적인 확인을 요하는 절차가 필요하다.

4. 반자의적인 안락사는 정당화가 불가능하다는 원칙을 수립하는 것이 좋다.
5. 규칙론은 행위와 무위를 구분하지만, 결과론은 행위와 무위를 구분하지 않는다. 일반적으로 규칙론에 따라 소극적 안락사를 적극적 안락사보다 쉽게 수용하지만, 결과론에 따를 때 이러한 구분은 성립하지 않으며 적극적 안락사 또한 수용되어야 한다.
6. 생명의 신성함이라는 교리에 따르면 살 만한 가치가 없는 삶이라는 생각은 위험하며 미끄러운 경사길에 들어서는 일일 수 있다는 두려움이 있다. 이러한 두려움은 합리적이지 않다.

8장
빈부의 문제

머리말에서 이미 지적한 대로, 피터 싱어의 논의의 중요성은, 윤리의 영역을 인간을 넘어 동물에게 확장한 점에도 있지만, 이웃 사람의 범위를 인종적, 문화적, 지리적 인근을 넘어 전체 인류, 전체 문화, 전체 지구로 확장한 점에도 있다. 8장에서는 이웃 사람의 범위를 우리가 이렇게 넓혀야 하는 이유를 보여 주고 있다.

싱어는 결과론자이기 때문에 앞 장에서는 안락사와 관련하여 죽이는 것과 죽도록 방치하는 것의 차이가 없다고 주장하였다. 이 두 가지는 동기에서 차이가 있겠지만, 결과에서는 아무런 차이가 없기 때문이다.

이러한 구분은 안락사에만 적용되는 것이 아니라 해외원조와 관련해서도 적용된다. 폐렴에 걸린 허약한 노인에게 항생제 처방을 하지 않는 것은 죽이는 것은 아니지만 죽도록 방치하는 것이 되며, 결과론적으로는 같은 것이다. 마찬가지로 해외원조를 하지 않는 것은 당장 도움을 필요로 하는 사람들을 죽도록 방치하는 것과 같다. 싱어는 이것이 단순히 나와 개인적으로 관련이 없는 남들이 죽도록 방치하는 것에 그치는 것이 아니라, 결과론적으로 보면 나와 같은 인격체를 죽이는 것과 다를 바가 없다는 혁명적인 주장을 마찬가지로 하고 있다.

1. 몇 가지 사실들

이러한 주장을 하기 위하여 그가 먼저 도입하는 개념은 **절대빈곤**absolute poverty이다. 절대빈곤은 산업화된 나라에서의 빈곤, 즉 가까운 이웃사람들과 비교해서 가난하다는 **상대빈곤**relative poverty과는 종류가 다른 빈곤이다. 이는 인간이 인간으로서의 최소한의 생활을 영위하는 데에 필요한 자원이 부족한 상황을 가리킨다. 이러한 절대빈곤의 결과는 영양실조와 질병으로 인한 조기사망과 교육을 받지 못해 자신의 삶을 스스로 개선해 나갈 수 없는 문맹상태로 요약할 수 있다.

싱어는 지구상의 많은 인구가 이처럼 절대빈곤을 겪고 있지만, 이는 결코 신문의 1면을 차지하지는 못한다고 지적하고 있다. 왜냐하면 그것은 계속되어 온 일상이며, 사람이 개를 물면 기사가 되지만, 개가 사람을 물면 기사가 되지 못한다는 기사선택의 원칙에 따라, 기사가 될 수 없기 때문이다. 때때로 발생하는 천재지변은 기삿거리가 되지만 지구상에 계속적으로 퍼져 있는 지속적인 상황은 기삿거리가 되지 못하고 그래서 일반인의 관심을 끌지 못한다.

이러한 절대빈곤은 불가피한가? 식량 생산량이 소비량에 미치지 못한다면 그러할 수 있다. 그러나 가난한 나라 사람들의 1일 곡물 소비량이 180그램인 반면 부유한 나라 사람들의 1일 소비량은 900그램이다. 이는 부유한 나라의 사람들의 위가 큰 까닭이 아니고, 그들이 고기를 먹기 때문이다. 곡물을 고기로 변환시키는 효율은 아주 낮다. 비관적으로 보면 10%에 불과하다고 한다.

이렇게 보면 이 문제는 생산의 문제라기보다 분배의 문제이다. 어떤 의미로 인류는 생존에 충분한 곡물을 생산하고 있으면서도 몇몇 사람들이 그것을 독식하고 있기에 나머지 사람들이 굶주리는 그러한 처지에 놓여 있다. 그래서 싱어는, 세계은행 총재였던 맥나마라Robert McNamara가 절대빈곤을 지적하였듯이 절대풍요를 지적한다. 절대빈곤이 인간으로서 최소한의 생활을 영위하는 데 필요한 자원이 부족한 상황이라면, 절대풍요는 그러한 자원이 충족되는 상황이다. 그래도 가까운 이웃사람보다는 가난할 수도 있다.

운 좋게 산업화된 국가에서 태어나 살고 있는 우리는 음식이 아니라 맛있는 음식을 구하며, 추위를 막을 의복이 아니라 멋진 의복을 원하고, 비바람을 막을 주거가 아니라 문화주택을 원한다. 반드시 필요한 것은 우리에게 이미 충족되어 있고, 우리가 원하는 것은 그 이상의 것이다. 미국의 경제학자 갤브레이스John Kenneth Galbraith는 경제적 욕망을 본래의 욕망과 조작된 욕망으로 구분하였는데, 산업사회의 우리의 욕망은 본래의 욕망이 이미 충족된 다음에 나타나는 조작된 욕망이다.

절대풍요 속에 살고 있는 우리는 절대빈곤 속에 살고 있는 사람들에게 우리의 부를 넘겨 줄 수 있다. 이러한 원조는 그들을 당장의 절대빈곤으로부터 탈출할 수 있도록 도울 것이며, 잘 운영된다면 스스로 그러한 절대빈곤으로부터 탈출할 방도를 마련하도록 할 수도 있을 것이다. 유엔은 이러한 원조 목표를 국민총생산의 0.7%로 정했지만, 사회주의적 경향이 강한 영국조차도 0.38%를 제공하고 있을 뿐이다. 그에 반해 5.5%를 술을 마시는 데에, 3%를 담배를 피우는 데에 사용하고 있다.

그래서 싱어는 이렇게 말하고 있다. "우리는 우리가 주고 있는 것 이상으로 주지 않음으로써, 부유한 나라의 사람들이 가난한 나라의 사람들을 절대빈곤과 그에 따르는 나쁜 영양, 나쁜 건강 그리고 죽음으로 고통받도록 내버려 두고 있다."(220)

2. 살인과 도덕적으로 동일한 것이 아닌가?

이렇게 보면 현재 우리의 무관심은 살인과 동일한 것으로 보일 수도 있다. 그러나 앞에서 지적한 것처럼 죽이는 것과 죽도록 내버려 두는 것은 결과는 동일할 수도 있지만 과정이나 다른 점들은 동일하지 않다. 어떤 사람을 겨누고 총을 쏘는 일과 이제까지 사용하던 핸드폰을 최신 폰으로 교체하는 일에는 이러한 여러 가지의 차이점들이 있다.

첫째, 죽이는 일에는 악의적인 동기가 있으나 죽도록 방치하는 것은 무관심의 표현일 뿐이다. 둘째, 죽이지 말라는 규칙을 따르기는 쉽지만 죽도록 방치하지 말라는 규칙을 따르기는 어렵다. 이를 위해서는 도덕적인 영웅주의가 필요하다. 셋째, 죽이는 일은 결과가 확실하나 죽도록 방치하지 않는 일은 결과가 확실하지 않다. 넷째, 죽이는 일은 그 대상이 확인 가능하지만 죽도록 방치하지 않는 일의 대상은 확인 불가능하다. 다섯째, 나에 의한 살인은 내 책임이지만, 기아는 내 책임이 아니다. 내가 없었어도 기아는 있었다.

싱어는 이러한 차이점들이 죽이는 것과 죽도록 방치하는 것 사이의 구분과 **일반적으로** 관련이 있는 것은 사실이지만 **필연적으로** 관련이 있는 것을 아니라는 점을 안락사와 관련하여 지적함으로써 이러한 차이점들의 의미를 축소시킨다.

폐렴이 걸린 노인에게 항생제를 주지 않고 일반적인 간호만 한다면, 이러한 동기는 무관심의 표현이 아니라 죽음에 다다를 약품을 주사하는 동기와 사실적으로 다를 바가 없다. 일반적인 간호만 하는 일에는 특별한 희생이나 영웅적인 도덕심이 필요한 것도 아니다. 이렇게 하는 일에도 그로 인한 희생자를 확인할 수 있으며, 의사는 이 일에 대하여 개인적으로 책임을 져야 한다. 왜냐하면 자신이 아닌 다른 의사가 주치의라면 다른 결정을 했을 수도 있기 때문이다. 그러므로 죽도록 내버려 두는 것도 여러 가지 점에서 죽이는 것과 같은 경우도 있다.

물론 안락사의 이러한 죽도록 내버려 둠과 해외원조와 관련된 죽도록 내버려 둠에는 중요한 차이가 있기는 하다. 전자의 죽음은 좋은 것으로 간주되지만, 후자의 죽음은 좋지 않은 것으로 간주된다. 이렇게 보면 앞에서 제시된 일반적인 구분의 이유들은 왜 우리가 죽이는 것을 죽도록 내버려 둠보다 일반적으로 **더 나쁜 것으로 간주하느냐를 설명**할 뿐이지, **결과론적인 차이가 있다는 증거**가 되지는 못한다. 그러므로 싱어는 이것들이 지금 우리가 가지고 있는 태도를 정당화하지는 못한다고 지적한다.

첫째로, 확인 가능하지 않기에 정당화될 수 있다는 주장에 대해서 싱어는 이렇게 반박한다. 우리가 판매하는 식품의 위암 발병률을 200%로 만든다면 누가 병에 걸릴 것인지를 확인할 수 없다고 하더라도 우리는 그러한 식품을 판매해서는 아니 된다. 이는 그 희생자가 확인이 불가능해도 정당화될 수 없는 경우이다.

둘째로, 확실성이 결여되어 있기에 정당화될 수 있다는 주장에 대하여 싱어는 또한 이렇게 반박한다. 신호등에 빨간불이 들어왔지만 건너는 사람이 없다고 액셀을 밟을 때 보행자를 칠 확률이 높지 않지만 우리는 그러한 운전방식이 안전하지 않다고 생각한다. 이는 확실성이 결여되어 있어도 정당화될 수 없는 경우이다.

셋째로, 무위에 대해서는 책임질 필요가 없기에 정당화될 수 있다는 주장에 대하여 싱어는 이렇게 반박한다. 무위에 대하여 책임질 필요가 없다는 견해는 내가 행동하지 않았기 때문에 다른 사람의 권리를 침해하지 않았으며 따라서 그 사람의 상황에 대하여 내가 책임질 필요가 없다는 권리론적 태도를 취한다. 하지만 이러한 권리론은 비역사적이고, 추상적이며, 또 궁극적으로 불가사의한 독립적 개인이라는 생각에서부터 출발한 것으로서 사실적이지 않다.

사실적으로 우리는 가족공동체에 속하며, 친족공동체에 속하며, 민족공동체에 속하며, 지역공동체에 속하며, 인류공동체에 속한다. 비록 가족공동체에 속한다는 현실감이 강하고 인류공동체에 속한다는 현실감은 약하지만 윤리의 보편적인 성격을 고려할 때 우리는 가족공동체처럼 인류공동체에 속한다고 생각해야 한다.

가족이 어려움에 처했을 때 그것이 나로부터 비롯된 것이 아니기에 나에게 책임이 없다고 생각하는 사람은 없다. 그러므로 인류공동체에 속한다고 한다면 인류가 어려움에 처했는데 그것이 나로부터 비롯된 것이 아니기에 나에게 책임이 없다고 주장하는 것은 인권을 참으로 받아들이는 것이 아니다. 이는 무위에 대해서는 책임질 필요가 없다는 주장이 정당화될 수 없음을 보여 준다.

넷째로, 죽일 동기가 없었기에 정당화될 수 있다는 주장에 대해서 싱어는 이렇게 말한다. 횡단보도에서 우선멈춤을 하지 않는 사람은 보행자를 치고자 하는 동기를 가지고 있지 않다. 그렇지만 그렇게 하여 사람을 칠 경우 우리는 비난할 뿐만 아니라 처벌한다. 우리는 법률적으로 결과론자이며 동기론자가 아니다. 이는 동기가 없었다고 하더라도 정당화될 수 없는 경우이다.

다섯째로, 죽이지 않기는 쉽지만 죽도록 내버려 두지 않기는 어렵기 때문에 정당화될 수 있다는 주장에 대해서 싱어는 이렇게 말한다. 그러한 일의 어려움 때문에 우리가 그러한 사람을 비난하기는 쉽지 않겠지만, 우리의 선택지는 여러 가지가 있다. 즉 우리는 모든 사람이 아니라 몇몇 사람이 죽지 않도록, 아니면 적어도 한 사람이 죽지 않도록 할 수도 있다. 이는 수행하기 어렵다는 이유로 정당화될 수 있는 경우가 아니다.

그래서 싱어는 이렇게 말한다. "구할 수 있는 모든 이를 구하는 의무를 완수하는 것이 어렵기 때문에, 죽인 사람을 비난하듯이 이 목표를 달성하지 못한 사람을 비난하는 것은 적합하지 못할 수 있다. 그러나 이것이 그 같은 행위가 덜 심각하다는 것을 보여 주지는 못한다. 그리고 이는 할 수 있는 모든 사람을 구하기는커녕, 어떤 사람을 구하려고 아무런 노력도 하지 않는 사람에 대해 제시하는 바가 없다."(228)

3. 원조의 의무

1) 원조의 의무에 찬성하는 논증

싱어는 우리의 현재의 태도에 대하여 불만을 가지지만, 그렇다고 죽도록 내버려 두는 사람을 죽이는 사람과 전적으로 동일시할 수 없다는 것을 인정하고, 목숨이 위험한 상황에 처한 사람들을 우리가 도울 의무가 있다는 다소간 완화된 주장을 전개한다.

싱어는 이렇게 말한다. "만약 어떤 사람에게 매우 나쁜 일이 일어나는 것을 방지할 수 있는 힘을 우리가 가지고 있고, 그 나쁜 일을 방지함으로써 그 일에 상응하는 도덕적 중요성을 가진 다른 일이 희생되지 않는다면, 우리는 그렇게 해야만 한다."(229) 이러한 조건부의 주장에 대해서는 누구든 대개 동의할 것이다.

싱어는 여기서 특히 결과론자들뿐만 아니라 결과론자가 아닌 사람들도, 예컨대 의무론자나 규칙론자나 법칙론자들도 여기에 동의할 것이라 강조하고 있다. 결과론을 거부하는 사람들은 권리에 대한 심각한 침해, 부정의, 약속의 파기 등이 결과보다 중요하다고 생각한다. 그렇다고 해서 그들이 나쁜 일을 방지해야 한다는 것에 동의하지 않는 것은 아니다. '**그 일에 상응하는 도덕적 중요성을 가진 다른 일이 희생되지 않는다면**'이라는 조건문은 결과론자가 아닌 사람들의 입장을 반영할 여지를 확보해 주기 때문에 그들이 이러한 주장에 동의하지 않을 이유가 없다.

앞에서의 논의와 이러한 주장을 연결시켜 보면, 우리가 절대빈곤을 매우 나쁜 일로, 절대풍요를 그것을 방지할 수 있는 힘으로 생각할 수 있는데, 이렇게 보면, 국제원조는 해도 되고 하지 않아도 되는 일이 아니라 해야만 하는 일이 된다. 이것이 싱어가 우리에게 설득하고자 하는 내용이다. 싱어는 이를 다음과 같은 형식으로 주장하고 있다.

첫째 전제: 만약 우리가 상당히 중요한 다른 일을 희생하지 않고도 어떤 일을 막을 수 있다면, 우리는 그것을 해야만 한다.

둘째 전제: 절대빈곤은 나쁘다.

셋째 전제: 상당히 중요한 다른 일을 희생함이 없이 우리가 막을 수 있는 어떤 절대빈곤이 있다.

결　　론: 우리는 이 절대빈곤을 막아야만 한다.

첫째 전제가 결과론자가 아닌 사람들을 위한 포석이라면, 셋째 전제는 '모든'과 '어떤'을 구분하기 위한 포석이다. 싱어의 주장은 우리가 모든 절대빈곤을 막아야 한다는 것은 아니며, 무관심하게 내버려 두는 것과 모든 절대빈곤을 막는 것 사이에 있는 어떤 지점을 선택할 수 있다는 것이다. 흔히 하는 표현으로 '욕조에 물 한 동이'가 아니고 '대양에 물 한 동이'라고 하더라도 싱어는 가치가 있다고 본다.

'상당히 중요한 다른 일을 희생함이 없이'라는 전제조건에서 그러한 다른 일들은 일상적으로 어떤 것들일까? 싱어가 생각하고 있는 사례는 "컬러 텔레비전, 유행에 맞는 옷, 값비싼 저녁, 고성능의 스테레오 시스템, 해외에서의 휴가, (또 한 대의) 자동차, 보다 큰 집, 자녀를 사립학교에 취학시키기" 등이다.

산업사회에 살고 있는 사람들이 자신의 이러한 일들과 타인의 절대빈곤과 비교하여 어떤 것을 우선시할 것인지는 각자의 윤리적 견해에 달려 있다. 다만 싱어는 이렇게 말한다. "공리주의자에게는 이들 중의 어느 것도 절대빈곤을 감소시키는 것만큼의 중요성을 가질 것 같지 않다. 그리고 공리주의자가 아닌 사람들도 … 이들 중 어떤 것들은 그것에 드는 비용으로써 막아질 수 있는 절대빈곤보다는 훨씬 덜 중요하다고 인정할 것이다."(232)

2) 앞의 논증에 대한 몇 가지 반론들

이러한 주장에 대한 가장 일상적인 반론은 멀리 있는 사람이 아니라 가까이 있는 사람부터 돌봐야 한다는 것이다. 이러한 반론은 진화해 온 우리의 **본능**에 적합한 것이기는 하지만, 윤리적인 **합리성**에 합당한 것은 아니다. 우리는 '우리가 보통 어떻게 하고 있는가?'라는 사실적 명제와 '우리가 어떻게 해야만 하는가?'라는 당위적 명제를 구분해야 한다.

우리가 향토주의자나 민족주의자, 국가주의자, 인종주의자가 되지 않기 위해서는 본능이 아니라 이성에 따라야 한다. 물론 본능에 따라 가족과 친척에게 우선권을 주는 것도 가능하다. 왜냐하면 이것은 희생하지 말아야 할 중요한 다른 일일 수 있기 때문이다. 하지만 싱어는 우리가 일반적으로 이미 가족이나 친척에게 충분한 도움을 주고 있기 때문에 우리는 당연히 국제원조의 의무를 가진다고 지적한다.

일상적인 반론은 아니지만 다소간 이론적인 반론은 우리의 **재산권**은 불가침의 권리이며, 어려운 사람을 돕는 것이 좋은 일이기는 하지만, 어려운 사람들에게 **도움을 요구할 권리**는 없다는 것이다. 하지만 이는 여러 이론적 입장들 중의 하나에 불과하다. 기독교 교리는 자연법에 의하여 사람이 잉여로 가지고 있는 것은 무엇이나 가난한 사람들의 생계를 위하여 돌려져야 한다고 주장하며, 사회주의자들은 부가 개인에 속하기보다는 공동체에 속하는 것으로 본다.

심지어는 재산권 이론 내에서도, 가난한 사람이 부자의 도움을 받을 권리가 있다는 의미가 아니라면, 부자가 가난한 사람을 도울 의무가 있다는 견해가 불가능하지도 않다. 하지만 싱어는 재산권 이론이 합당한 윤리적 견해가 되기에는 우연에 너무 많은 여지를 남기기 때문에, 즉 우연히 태어난 나라의 사정에 따라 빈부가 일반적으로 정해지기 때문에, 받아들일 만한 이론이 되지 못한다고 지적한다.

미시적으로 보면 남에게 도움을 준다는 것은 좋은 일이지만, 세상일이라는 것이 생각지 않은 부작용을 가지고 오는 경우도 있다. 심각하게 고려해 보아야 할 거시적인 반론은 지금 가난한 사람을 돕는 것이 미래에 가난할 사람을 더 많이 만드는 것에 불과하여 **불행을 미래로 확대**하여 연기할 뿐이라는 것이다.

이러한 반론에 따르자면 무조건 도와야 하는 것이 아니라 전시에 치료할 부상자를 선택하는 삼분법, 즉 치료하지 않아도 살 사람과 치료해도 죽을 사람은 내버려 두고 치료해야 살 사람만 치료한다는 정책을 좇아서, 원조하지 않아도 절대빈곤에서 벗어날 국가와 원조해도 절대빈곤에서 벗어나지 못할 국가는 내버려 두고 원조하면 절대빈곤에서 벗어날 국가에만 원조해야 한다. 자원이 한정되어 있는 상황에서 이는 고려해 볼 만한 원칙이다.

그렇지만 이렇게 대상 국가를 선택할 때 고려해야 할 다른 요소도 있다. 그 하나는 인구과도기demographic transition이다. 원조가 인구를 일방적으로 증가시킬 것이라고 보통 생각하지만 영양이나 의료상태가 개선되어 유아사망률이 낮아지면 가족계획에 의거하여 인구증가율은 낮아지기 시작한다. 이러한 인구조절시기를 인구과도기라 부르는데, 우리는 이러한 상황을 고려해야 한다. 산업화가 계속 진행되면 인구증가율이 둔화되다가 우리나라에서 볼 수 있는 것처럼 인구감소세로 돌아서기까지 한다. 그러므로 원조가 일방적으로 인구를 계속 증가시킬 것이라고 예측하는 것은 합당하지 못하다.

그러므로 국제원조를 수행할 때 절대빈곤의 주요원인이 되는 인구증가를 막아 인구과도기에 빨리 들어가도록 유인하는 것이 의미가 있다. 만약 원조받는 정부가 이러한 성과를 방해하는 정책을 가지고 있다면 실제로 지금의 고통보다 더 많은 미래의 고통을 만들 수 있다. 적어도 공리주의라는 입장에서 볼 때 이러한 상황에서의 원조는 결코 이루어져서는 아니 된다.

해외원조에 대한 다른 반론은, 가난은 **나랏님**도 구하지 못한다는 옛말처럼, **개인**이 행할 자선의 문제가 아니라 정부 수준의 정책의 문제라는 것이다. 그러나 싱어는 이 주장이 민주주의 사회에서는 큰 허점을 가진다고 지적한다. 민주주의 국가의 정부는 국민의 의사를 따라서 정책을 수립한다. 국민들이 개인적으로 해외원조에 관심을 가지지 않는다면, 국가도 해외원조에 관심을 가질 이유가 없다.

우리나라는 이차대전 이후에 해외원조를 받던 수혜국에서 해외원조를 제공하는 공여국으로 전환한 유일한 나라로서 주목을 받고 있다. 이제 홍익인간이라는 우리나라의 건국이념은 글자 그대로 인간을 널리 이롭게 하는 수준으로 실천되어야 한다. 많은 국민들이 해외원조를 개인적인 책무라고 생각한다면, 그러한 국민들이 선출하는 어떤 정부도 해외원조를 국가적인 책무라고 생각할 것이다.

또 다른 반론으로 사소하지만 흔히 제기되는 것은 **기준이 너무 높다**는 것이다. 싱어는 원칙과 원칙을 공적으로 주장하는 것의 이러한 현실적인 차이를 고려한다. 개인적으로 생각할 때 너무 높은 기준이 원칙으로 제시된다면 그러한 기준을 따라가기 어렵다고 판단한 사람들은 원칙 자체를 포기할 수도 있기 때문이다. 그러므로 이러한 반론은 해외원조 자체에 대한 반론은 아니지만 해외원조를 이야기할 때에 실천적으로 유의해야 할 세부사항이기는 하다.

어느 정도가 적합한 기준일까? 물론 각자의 기준은 다를 것이다. 싱어는 동전을 모금하는 정도는 충분하지 못하다고 생각하고, 교회에 헌금하는 십일조가 과거에 지역공동체의 빈민에 대한 지원금의 성격을 가졌음을 환기시키면서 수입의 10%를 하나의 선택지로 제안하고 있다.

8장의 주요 내용

1. 선진국들과 개발도상국들 간의 경제적 차이 때문에 선진국의 국민들은 상대적 빈곤을 겪고 있지만 개발도상국 국민들은 절대적 빈곤을 겪고 있다. 선진국이 원조하지 않는다면 개발도상국의 많은 사람들이 죽을 수도 있다.
2. 이런 상황에서 국제원조를 수행하지 않는 것은 죽도록 내버려 둠으로써 죽이는 것과 같은 결과를 갖는다. 죽이는 것과 죽도록 내버려 두는 것은 분명 차이가 있지만, 그러한 차이에도 불구하고 같은 결과를 가져온다.
3. 그러므로 결과론이 아닌 입장들을 고려하더라도, 마찬가지로 중요한 어떤 다른 일을 희생하지 않고 어떤 절대빈곤에서 사람들이 벗어나도록 도와야만 한다는 주장을 배격하기는 어렵다.
4. 물론 해외원조의 성과를 무산시키는 상황의 해

외원조를, 예컨대 인구증가를 꾀하는 국가에의 해외원조를, 윤리적 의무로 보기는 어렵다. 민주주의 국가에서 개인의 관심이 정부의 관심이 되기 때문에 해외원조를 정부에만 맡기는 것은 바람직하지 못하다. 현실적인 기준을 정하는 일에서도 원조를 좌절시키지 않는 지혜가 필요하다.

9장
목적과 수단

세상에 좋은 목적을 위한 좋은 수단만 있다면 얼마나 좋겠는가? 하지만 좋은 목적을 달성하기 위해 나쁜 수단을 선택해야만 하는 경우도 있게 마련이다. 이럴 때 우리는 목적이 수단을 정당화한다고 말하곤 한다. 하지만 나쁜 수단을 사용하여 좋은 목적을 달성하는 경우에는 좋은 목적도 성취되지만 더불어 나쁜 결과도 생겨나기 마련이다.

예컨대, 친척어른이 생일선물로 나로서는 별로 관심 없는 물건을 주고 "그것이 네게 좋은 선물이냐?"고 물었을 경우, 나는 거짓말로 "그것을 평소에 가지고 싶었는데 오늘 그것을 선물로 받아서 매우 기쁩니다"라고 답한다. 이러한 거짓말을 우리는 선의의 거짓말이라고 하며, 그러한 선의의 거짓말을 통하여 사회적인 삶을 보다 원만하게 만든다. 그러할 때 생기는 나쁜 결과는 무엇인가? 예컨대, 내가 언제나 참말만을 한다는 원칙이 깨어지고 나에 대한 신뢰에 흠집이 생기는 것이다.

그래서 목적이 수단을 정당화시킨다거나 목적이 수단을 정당화시키지 못한다고 단순하게 이야기하기 어렵다. 위의 예화와 같은 경우, 원만한 사회적인 삶과 신뢰성의 유지 중에서 어느 한쪽을 잃지 않고서 문제가 해결되지 않기 때문이다.

1. 개인의 양심과 법

무엇이든 뚫을 수 있는 창과 무엇이든지 막을 수 있는 방패와 같은 이러한 모순적인 상황의 대표적인 사례가 개인의 양심과 법률이 배치될 때이다. 싱어가 들고 있는 예는 동물해방론자들이 모피농장을 습격하여 동물들을 해방시키고, 동물실험을 하는 연구실을 망가뜨리고, 바다표범을 사냥하는 배에 구멍을 내었던 사건이다.

이러한 행동들은 분명 불법적이다. 타인의 재산권에 대한 심각한 침해인 것은 틀림없다. 이러한 상황에서 우리는 법을 준수해야 하는가? 아니면 법을 어기더라도 윤리적 대의를 앞세워야 하는가?

싱어는 영국의 두 동물단체를 인용하며 두 입장을 소개하고 있다. 동물해방전선Animal Liberation Front은 불법적인 방식을 통해서라도 동물해방을 지향한다. 이에 반해 동물학대방지 왕립협회Royal Society for the Prevention of Cruelty to Animals는 합법적인 범위 내에서만 동물해방을 지향한다.

이러한 갈등상황에서 철학자들은 개인의 양심을 편든다. 내가 어린이가 아닌 한, 나에게 좋은 것을 남이 결정하는 것은 우스운 일이기 때문이다. 어른이 되면, 나에게 좋은 것은 내가 결정한다고 하지만, 어른으로서도 우리는 때로 전문가가 결정하도록 위임한다.

어린이들은 사탕을 맹목적으로 좋아하지만, 어른들은 사탕이 치아에 좋지 않다고 하면서 어린이들이 적당히 먹도록 간섭한다. 수술을 할 수도 있고 하지 않을 수도 있는 상황에서 어른들도 일반적으로 자신이 결정하기보다는 의사의 권고를 따른다.

이럼에도 불구하고 자신이 옳다고 생각하는 일과 법률이 금하고 있는 일이 충돌하면 우리는 자신이 옳다고 생각하는 일을 해야 한다고 생각한다. 우리는 **자신이 옳다고 생각하는 것이 우리가 추종할 수밖에 없는 궁극적인 근거**라고 생각하기 때문이다.

동물해방전선을 추종하는 입장은 비교적 간단하다. 옳은 일로 동물보호 하나만을 고려하면 되기 때문이다. 동물학대방지 왕립협회의 입장은 상대적으로 복잡하다. 옳은 일이 동물보호와 더불어 법률준수, 이렇게 적어도 둘이기 때문이다.

두 단체의 구성원 모두 자신이 옳다고 생각하는 일을 하고 있다. 다만 동물학대방지 왕립협회의 회원들은 어떠한 대의에도 불구하고 법률을 어기는 것은 양심에 저촉되는 일이라고 생각하고 있을 뿐이다.

동물해방전선의 입장에서는 이것이 양심이 아니라고 주장할지도 모른다. 왜냐하면 우리가 양심이라고 부르는 것에는 원래 우리에게 있지 않았지만 바깥에서 들어와 원래 우리의 것인 양 느껴지는 것도 있기 때문이다. 때로 우리가 양심이라고 부르는 것은 타고난 양심이 아니라 사회규범이 내면화된 양심이다.

싱어는 이처럼 사회적 규범이 내면화된 것을 '내면의 목소리'라고 부르며, 이런 의미에서의 양심을 좇아서는 아니 된다고 주장한다. 싱어는 동물학대방지 왕립협회의 회원은 자신의 법률존중이 내면화된 **관습적**인 것이 아니고 신중한 자기비판을 통해서도 자신에게 고유한 것으로 확인된 **비판적**인 경우에 한하여 양심을 따라야 한다고 지적한다.

그래서 싱어는 이렇게 말한다. "'양심을 따르는 것'이 자신의 '내면의 목소리'가 행하도록 촉구하는 것을 행하는 것이라면, 양심에 따르는 것은 합리적인 주체로서의 자신의 책임을 포기하는 것이 되며, 모든 관련된 요소들을 고려하여 상황의 옳고 그름에 대해 내린 최선의 판단에 기초하여 행동하지 못하는 것이 된다."(250)

2. 법과 질서

선의의 거짓말을 하는 것이 나의 신뢰도에 흠집을 낸다면, 선의의 위법행위는 어떤 해악을 가져오는가? 마찬가지로 법의 신뢰도에 흠집이 생긴다. 법이란 무엇인가? 기록된 가장 오래된 법전은 함무라비 법전이며, 여기에 '이에는 이, 눈에는 눈'이라는 동해보복 즉 해를 끼친 만큼 같은 양의 해를 돌려준다는 정신이 담겨 있다.

법은 보복이다. 하지만 그 보복은 개인적인 보복이 아니라 법을 집행하는 집행자의 대리보복이다. 이렇게 함으로 사적인 보복이 그러할 수밖에 없는 과도한 보복과 보복의 악순환의 고리를 끊는다. 그래서 로크John Locke는 확립되고 정착된 그리고 알려져 있는 법, 자격 있는 판사에 의해 해석되고 판사의 결정을 수행하기에 충분한 힘으로 뒷받침되는 법을 가지는 것이 다른 상황보다는 바람직하다고 지적하였다.

법은 함께 살면서도 자신만의 이익을 추구하는 인간들이 다른 사람의 삶을 침해하지 않도록 조정함으로써 **사회적인**

삶이 조화롭게 유지되도록 보장하는 최소한의 장치이며, 이러한 법이 없다면 인간사회는 한 사람의 강자만이 다스리며 나머지 약자들은 복종해야만 하는 일인을 위한 왕국이 되고 말 것이다. 이러한 의미에서 민주주의 사회의 법과 독재왕국의 법은 같이 법이라고 불리지만 전혀 다른 종류의 법이다.

싱어는 법을 '정착된 의사 결정 절차'로 이해하면서, 이러한 절차가 없다면 분쟁의 당사자들은 힘에 호소하기 쉽지만, 어떠한 확립된 절차도 거의 모두, 폭력에 호소하는 것보다는 낫다고 지적하고 있다. 폭력에 호소하는 것과 확립된 절차에 의거하는 것을 비교해 보면, 전자는 인간의 손상을 가져오지만 후자는 전자보다 더 이롭고 더 정당한 결과를 산출할 가능성이 높기 때문이다.

우리가 법을 어길 때에 법에 대한 신뢰도에 흠집을 내게 된다는 것은, 이러한 정착된 의사 결정 절차에 우리가 불복종하게 되면, 우리는 다른 사람들에게 선례를 남기게 되고, 이는 그들의 불복종을 또한 유도할 수도 있다는 뜻이며, 이러한 일이 거듭되면 법과 질서의 몰락을 가져올 것이고 결국에는 내전이 일어날 수도 있다는 뜻이다.

이러하기 때문에 우리는 법에 복종함으로써 법을 보호하여야 하며, 이러한 **준법을 통해서 우리의 사회적 질서를 유지**할 수 있다. 하지만 법을 준수해야 할 다른 이유는 법질서를 유지하기 위한 비용의 부담이다. 법을 어기는 사람이 있다면 법을 유지하기 위해서는 그것을 탐지하고 처벌하기 위해서 비용이 들게 된다. 그 비용은 결국 세금으로 충당하기 때문에 법을 어길수록 세금은 늘어나게 된다.

이러한 상황은 우리가 교통법규를 거의 어기지 않는다면 교통경찰이 별로 필요하지 않을 것이고 교통법규를 어기는 사람이 많으면 많을수록 교통질서를 유지하기 위해서는 더 많은 교통경찰이 필요할 것이라는 점을 생각해 보는 것으로 충분히 짐작할 수 있다.

물론 교통법규를 어기며 빨간불에 도로를 건너는 것이 필요한 상황도 있을 수 있다. 싱어도 이러한 상황이 있을 수 있음을 인정한다. 그러나 그는 이러한 상황에서도 그것을 통해서 얻는 이익과 손해를 잘 따져서 이익이 큰 쪽을 택해야 한다고 지적하고 있다.

그래서 싱어는 이렇게 말한다. 법에 복종하거나 불복종할 "이유들이 서로 대립될 때는, 불복종할 이유가 복종할 이유보다 우세한지를 알아보기 위하여 각각 경우의 장단점을 평가해야만 한다."(253)

3. 민주주의

싱어가 예로 들고 있는 동물해방전선에 대한 다른 비판도 있다. 그것은 민주주의 사회에서는, 사회적 효율성을 저해하는 이러한 불법을 저지르지 않아도, 민주적인 입법절차를 통하여 그러한 목적을 달성할 수 있다는 반박이다. 이러한 반박을 하는 이들은 그러하기 때문에 합법적인 통로가 있음에도 불법적인 통로를 선택하는 것은 정당화될 수 없다고 지적한다.

물론 동물해방전선에서는 이러한 비판에 대하여 입법절차를 통하여 그 목적을 달성하기 위해서는 다수의견이 되어야 하는데, 그것도 가능할 수 있겠지만, 그렇게 할 수 있을 때까지의 고통과 죽음을 생각하면 기다릴 수 없다고 항

변할 것이다.

하지만 이에 대해서도 반대론자들은 지적할 사항이 있다. 그것이 다수의견이 되지 못한다면 동물해방전선은 행동은 몇 개의 **법률을 위반**하는 것일 뿐만 아니라 소수의 의견을 다수에 강제하려고 하는 **반민주주의적인 태도**가 된다는 것이다.

이에 대해 동물해방전선은 오늘날과 같은 **간접민주주의** 체제 아래서 국회의원들의 투표결과와 **직접민주주의**적인 국민투표의 결과가 다를 수 있다고 지적하면서 자신들에 대한 비판자들에게 재재반박할 것이다. 심지어 국회의원들은 토론은 하지만 결론을 내지 않음으로써 동물실험 찬성론자나 반대론자 모두로부터 지지를 받고자 한다. 이것은 사실에 근거한 반론이다.

하지만 철학적인 근거로 반론을 제시할 수도 있다. **다수결의 원칙**은 중요하지만, 그것이 어떤 일이 옳거나 그르다는 것을 판단해 주는 것은 아니다. 다수결은 어떤 일이 다수의 의견과 일치하거나 어긋난다는 점을 보여 줄 뿐이다.

만약 어떤 사람이 다수의 의견에 반해서 어떤 일이 옳다고 생각한다면 그는 민주주의 원칙을 거부하는 것임에 틀림없겠지만 그렇다고 해서 그 어떤 일이 그릇된 것임을 입증하는 것은 아니다. 우리가 양심에 따른다고 할 때 이러한 사람을 양심범이라고 부르는 것은 합당하며 그의 양심을 최대한 존중해 줄 필요가 있다.

하지만 민주주의 사회에서 그러한 사람은 법률을 위반한 범인이며, 그러한 범죄의 동기를 참작할 수는 있겠지만, 그러한 범죄의 책임을 묻지 않을 수 없다. 왜냐하면 이러한 민주주의 원칙을 유지하지 못한다면, 사적인 보복이나 내전에 이를 위험성이 다분하기 때문이다. 일반적으로, 이렇게 되기보다는, 민주주의 원칙을 유지하는 것이 사회적으로 효율적이다.

그래서 싱어는 이렇게 말한다. "다수결의 원칙을 거부하는 것은, 평등주의 시대에 평화로운 사회질서를 부여할 수 있는 가능한 최선의 기초를 거부하는 것이다. … 다수결의 원칙 외에 받아들일 만한 대안이 없기 때문이다."(259)

4. 시민불복종 혹은 다른 불복종

다수결의 원칙을 지지하면서도 소위 다수의 의견에 이의를 제기하는 방법은 없을까? 간접민주주의 체제에서 진정한 다수의견이 아니면서도 다수의견인 척하는 의견이 있는 경우 이러한 상황을 극복하고 진정한 다수의견을 확립하기 위하여 소위 다수의견에 반대하는 행위가 있을 수 있는데, 이를 보통 **시민불복종**civil disobedience이라고 부른다.

이러한 시민불복종은 보통 수동적 저항, 행진 혹은 연좌와 같은 형식으로 표현되는데, 이는 다수를 강제하자는 의도가 아니라 **참된** 다수의견을 확보하고자 하는 동기로부터 출발한다. 그래서 이는 다수에게 상황을 알리는 데에 초점을 두고 문제에 대한 직접민주주의적인 고려를 요청한다.

왜냐하면 국회의원들이 노련한 로비스트들의 로비를 받았을 수도 있고, 어떤 문제에 대해서 국민들이 모르고 있을 수도 있으며, 관련자들이 자신들의 편의를 앞세워 마땅히 해야 할 일을 게을리 하거나 하지 않았을 수도 있기 때문이다. 시민불복종은 이러한 종류의 상황에 대한 민주주의적인 이의제기이다.

그래서 시민불복종은 일반적으로 법의 힘에 저항하지 않고 비폭력적인 행위를 통하여 자신의 의견을 피력하며, 또 자신들의 행위에 대한 법률적인 **처벌**을 받아들임으로써, 자신들의 항의의 진지성과 법의 지배 및 민주주의 기본원칙들에 대한 존중을 표현한다. 이러한 일은 다수에 대한 **강제**가 아니라 다수에 대한 **호소**라고 볼 수 있다. 이런 의미에서의 시민불복종은 일반적으로 정당화된다.

하지만 다수가 이미 입장을 정했는데도 불구하고, 그러한 입장에 저항해야 하는 경우도 있을 수 있다. 이는 소수의견으로 다수의견을 강제하려는 시도이며, 이는 민주주의 원칙에 대한 거부이기도 하다. 일반적으로 이러한 거부자에 대하여 그가 자신의 양심에 따라 법을 거부하기 때문에 양심범이라고 부른다.

우리나라의 경우 모든 남성은 병역의무를 가지는데, 특정 종교를 신봉하는 사람들 중에는 이러한 병역의무를 거부하는 사람들이 있다. 물론 다수의견은 모든 남성이 병역의무를 져야 한다는 것이지만, 이들의 소수의견은 종교적인 이유로 병역의무를 거부하는 것이다. 이들은 병역법 위반으로 처벌을 받아야 하지만, 그들은 자신의 종교적 양심을 따라 법을 어긴 양심범이다.

싱어는 시민불복종이나 다른 불복종이 민주주의가 제대로 자리 잡은 국가일수록 정당화되기가 더 쉽다는 점을 또한 지적하고 있다. 이는 어린 나무는 특별한 주의를 필요로 하지만 잘 자란 나무는 보다 거칠게 다루어도 견뎌 낼 수 있다는 일반적인 진리의 또 다른 예일 뿐이다.

우리 사회도 이제 어느 정도 민주주의의 토착화에 성공했다고 볼 수 있다. 과거 군사독재시절의 우리 사회와 오늘날의 우리 사회는 정치적인 수준이 다르다. 사회적인 문제에 대한 의견을 표현할 때, 어떠한 용어를 사용해야 할 것인지, 어떠한 방식을 채택해야 할 것인지, 그러한 자신들의 행위에 대하여 어떻게 책임을 져야 할 것인지에 대하여 심사숙고할 때라고 보인다.

필자는 특히 우리 사회의 독선적인 언어사용에 대하여 크게 염려한다. 민주주의 사회에서 의견이 다른 사람들은 서로를 토론의 대상으로 삼아야지 타도의 대상으로 삼아서는 아니 된다. 이러한 원칙을 지키지 않고 자신만이 옳기에 자신과 의견을 달리하는 사람은 타도되어야만 한다는 식의 독선적인 언어를 구사하는 사람은 민주주의자로서의 품성이 부족하다고 보아야 할 것이다.

5. 폭력

다수결의 원칙을 존중하지 않는 이러한 불복종도 그것이 수동적인 저항, 행진 혹은 연좌와 같은 형식으로 진행된다면, 그것은 동물해방전선과 같은 타인의 재산에 대한 폭력이나 테러리즘과 같은 타인의 재산과 생명에 대한 폭력과 구분된다. 폭력은 불복종이 아니다. 폭력은 수동성을 특징으로 하지 않고 능동성을 특징으로 한다. 바로 이 점에서 폭력과 다른 불복종이 구분된다.

그렇다면 폭력은 결코 정당화될 수 없는가? 절대적인 평화주의자들은 폭력은 결코 정당화될 수 없다고 주장한다. 하지만 싱어는 그렇지 않다고 주장한다. 왜냐하면 평화주의자들은 일반적으로 행위와 무위를 구분하지만, 싱어는 행위와 무위가 같은 결과를 가져올 경우 이것들을 구분하지 않기 때문이다.

싱어가 예를 들고 있는 것은 폭군을 암살하는 일이다. 폭군을 암살하는 **유위**가 폭군을 암살하지 않는 **무위**보다 더 적은 죽음을 가져온다면, 폭군을 암살하는 것이, 폭력을 행사하는 것이 더 좋은 결과를 가져오기 때문에, 폭력은 정당화될 수 있다고 그는 주장한다.

싱어의 이러한 입장은 엥겔스가 자본주의 사회를 없애기 위하여 폭력혁명을 선동한 논리와 같은 것이다. 엥겔스 Friedrich Engels가 볼 때 자본주의 사회는 노동자들을 죽음으로 내몰고 있었기 때문에, 이러한 죽음을 방지하기 위하여 폭력을 통하여 자본주의 사회를 전복시키는 것은 작은 폭력으로 큰 폭력을 막는 경우에 해당된다고 그는 주장했다.

행위와 무위를 구분하는 평화주의자들은 결과를 고려하지 않고 폭력 일반을 부정하지만, 결과를 판단의 기준으로 삼는 결과주의자들은 행위와 무위를 구분하지 않고 결과를 종합하여 폭력의 정당화 가능성을 검토한다. 그들의 입장에서 보면 작은 폭력으로 큰 폭력을 막을 수 있다면 작은 폭력은 정당화된다.

하지만 결과론적인 입장을 취한다고 해도 폭력을 긍정하기 위해서는 상당한 조심을 기해야 한다. 왜냐하면 폭력의 크고 작음을 계산하는 일에서 고려해야 할 사항이 많기 때문이다.

그 하나는 폭력의 본질적인 부정적 가치를 고려할 때 폭력의 사용에 따르는 감각둔화 효과이다. 폭력이 일상화될수록 폭력은 더 가볍게 범해진다. 다른 하나는 폭력을 휘두르는 사람이 과연 선한 사회를 이룰 수 있는가라는 의문이다. 역사적으로 폭력을 통하여 선한 사회를 이룬 경우는 별로 없었다. 또 다른 하나는 폭력을 통해서 가져오고자 한 결과가 '오직 폭력을 통해서만 달성될 수 있는가?' 아니면 '과연 폭력을 통해서 달성될 수 있는가?' 등의 문제이다. 비폭력적인 다른 방법도 있을 수 있으며 폭력에 대한 사람들의 부정적 반응 때문에 오히려 목표를 달성하는 것이 어렵게 될 수도 있다.

이러한 점들이 정당화 가능한 폭력조차도 조심스럽게 만든다. 이렇게 폭력에 대하여 조심스러운 태도를 취하는 것이 필요하다. 싱어는 이렇게 해야 할 이유를 다음과 같이 지적하고 있다. "왜냐하면 그같은 차이를 구별함으로써 우리는 특정한 종류의 폭력, 즉 테러리스트의 폭력을 실질적으로 절대적인 의미로 비난할 수 있기 때문이다. 이 같은 차이는 일반적으로 '폭력'이라고 불리는 모든 것을 뭉뚱그려 비난함으로써 모호해진다."(270)

9장의 주요 내용

1. 개인적 양심과 법이 충돌할 경우, 개인적인 양심을 따른다면 법질서가 교란될 것이며, 법률을 따른다면 개인의 자율성이 훼손될 수 있다. 양자를 잘 저울질할 필요가 있다.
2. 법률은 확립된 질서로서 법률에 호소하는 것은 폭력에 호소하는 것보다 일반적으로 나은 결과를 가져온다. 또한 경제적으로도 보다 효율적이다. 따라서 법률에 대한 불복종은 신중해야 한다.

3. 민주주의 사회에서 법률에 복종하지 않는 것은 소수의 의견을 다수에 강제하는 것이라 볼 수도 있지만, 대의 민주주의 즉 간접 민주주의 체제에서는 다수의 의견이 참된 다수의 의견이 아닌 경우도 있을 수 있다.
4. 이러한 참된 다수의 의견에 호소하기 위하여 직접 민주주의적 논의를 요구하는 불복종이 시민불복종이다. 시민불복종은 다수결의 원리를 존중하기 때문에 평화적으로 행동하고 처벌을 감수하는 태도로써 자신들의 정당성을 주장한다.
5. 절대 평화주의자들은 여하한 폭력도 부정하지만, 결과론자의 입장에서는 작은 폭력으로 큰 폭력을 막을 수 있다면 폭력을 긍정한다. 하지만 불가피한 폭력을 조심스레 선택함으로써 다른 정당화할 수 없는 폭력과 구분되도록 해야 한다.

10장
왜 도덕적으로 행위해야 하는가?

이제까지의 윤리적 추론에 대해서 동의하는 사람도 있을 수 있고, 거부하는 사람도 있을 수 있다. 동의하는 사람들 중에서도 알게 된 이러한 윤리적 지식에 의거하여 윤리적 행위를 하는 사람도 있을 수 있고 알기는 하지만 윤리적 행위를 하지 않는 사람도 있을 수 있다. 윤리적 행위를 하지 않는 사람들 중에는 의지가 박약한 사람도 있을 수 있지만, 윤리적으로 행위해야 할 필요성을 느끼지 못하는 사람도 있을 수 있다.

우리는 앞에서 거짓말을 하지 말아야 하는지, 선의의 거짓말은 해도 되는지에 대해서 논의한 적이 있다. 결과론적인 입장에서 보면, 실제로는 그렇게 하는 것은 불가능하지만, 그 결과의 윤리적 선악을 충분히 따져서 거짓말을 하거나 하지 말아야 한다.

하지만 그 결과의 윤리적 선악에 대하여 전혀 무관심한 사람들이 있다. 그들은 이렇게 반문한다. 왜 우리는 윤리적 선악을 따지고 윤리적 선을 증진시키는 방향으로 행위를 해야만 하는가? 우리 인간은 오히려 개인적 선악을 따지고 자기이익에 따라 행위를 하도록 진화해 오지 않았는가?

인류의 진화가 일부분 그렇게 이루어진 것도 사실이지만, 그와 반대되는 방향으로도 인류의 진화가 이루어져 온 것도 사실이다. 그래서 동물에게는 윤리가 없지만, 인간에게는 윤리가 있다. 인간은 왜 윤리적 선악을 따져 행위를 해야 하는가? 이것이 이 책의 마지막 장의 주제이다.

1. 문제에 대한 이해

먼저 지적해야 할 것은 이제까지 우리는 이것을, 즉 윤리적으로 선악을 따져서 행위하는 것을, 당연한 것으로 전제하고 논의해 왔다는 것이다. 우리는 이제까지, 인간은 윤리적 선을 추구하는데, 어떻게 윤리적 선을 추구할 수 있는가를 다루어 왔다고 이야기할 수 있다. 지금 우리가 묻고 있는 물음은 이와는 다른 차원의 물음이다. 그래서 이는 윤리학 **내부**에서의 물음이 아니라 윤리학 **자체**에 대한 물음이다.

철학자들은 이러한 물음이 이미 전제되어 있는 것을 묻는 것이기 때문에 논리적으로 적합하지 못한 물음이라고 거부하기도 한다. 이러한 물음이 물을 수 없는 물음을 던지는 것이기 때문에 적합하지 못한 물음이라는 것이다. 우리의 언어생활에서 모든 언명이 가능하다고 우리는 생각하지만 꼭 그러한 것은 아니다. 우리의 언어생활에는 적합하지 못한 언어가 있을 수 있다. 예를 들어, 다음과 같은 경우를 생각할 수 있다.

거짓말쟁이가 나는 거짓말쟁이라고 말한다면 어떤 일이 생기겠는가? 그가 진실로 거짓말쟁이라면 그는 자신이 거짓말쟁이가 아니라고 말해야 말이 된다. 그런데 자신을 거짓말쟁이라고 말하면 그는 한 가지 참말을 하는 셈이다. 그렇다면 그가 거짓말만 하는 거짓말쟁이일 수가 없다. 그러므로 그가 자신이 거짓말쟁이라고 말하는 것은 논리적으로 적합하지 못하다. 그것은 이미 전제되어 있는 것이기 때문이다.

싱어는 이 문제에 대한 두 가지 철학적 접근은 인용하고 있다. 하나는 윤리적 원칙이 정의상 **압도적으로 중요한 원칙**이기 때문에 '인간은 왜 윤리적 선악을 따져 행위를 해야 하는가?'라는 질문은 불필요하다는 입장이다.

압도적으로 중요한 원칙이란 당사자에게 가장 앞서는 행위 원칙이라는 의미이다. 윤리적 원칙을 이렇게 정의하면 '인간은 왜 윤리적 선악을 따져 행위를 해야 하는가?'라는 물음은 필요 없게 되지만, 칸트의 용어를 빌려서 말하자면 윤리적 원칙이 보편적 입법의 원리가 아니라 개인적 격률이 되고 만다. 왜냐하면 실제적으로 그 내용이 무엇이든지 간에 누군가가 어떤 것을 압도적으로 중요한 원칙으로 삼게 되며 그것이 자동적으로 윤리적 원칙이 되기 때문이다. 이는 얻는 것보다 잃는 것이 많아 보인다.

싱어가 인용하고 있는 둘째 입장은 '인간은 왜 윤리적 선악을 따져 행위를 해야 하는가?'라는 물음이 '인간은 왜 합리적이어야 하는가?'라는 질문과 마찬가지로 **이미 전제하고 있는 것을 묻기 때문에 부적합**한 물음이라는 입장이다.

'인간은 왜 합리적이어야 하는가?'라는 질문에 답한다는 것은 우리가 이치에 합당해야만 하는 이치를 설명하는 일이다. 이러한 일은 이미 우리가 답하려고 하는 것을 전제하지 않고서는 불가능하다. 이러한 합리성의 정당화는 순환적이 되기 때문에, 이러한 질문은 적합한 질문이 될 수 없다.

하지만 싱어는 앞의 두 물음이 같지 않다고 지적한다. 논리적으로 볼 때 '인간은 왜 합리적이어야 하는가?'는 합리적 정당화의 문제를 제기하고 있지만, '인간은 왜 윤리적 선악을 따져 행위를 해야 하는가?'는 윤리적 정당화의 문제를 제기하고 있지 않기 때문이다. 즉 이미 전제하고 있는 것을 묻는 것이 아니기 때문이다. 그렇다면 후자가 제기하는 정당화는 어떤 종류의 정당화인가?

싱어는 이렇게 말한다. "이 같은 물음은 단지, 요구되는 답의 종류를 특별히 정하지 않고 행위의 이유를 묻는 한 방식일 수도 있다. 우리는 때때로 특정한 관점을 전제하지 않고 매우 일반적이고 실천적인 물음을 물을 수도 있다."(274-275)

싱어는 윤리의 특징을 보편화가능성에서 찾았기 때문에 '인간은 왜 윤리적 선악을 따져 행위를 해야 하는가?'라는 질문은 싱어에게는 '인간은 왜 보편적 관점에서 윤리적 선악을 따져 행위를 해야 하는가?'라는 질문이 되며, 이에 대한 답은 이론적으로 혹은 실천적으로 합리적이기 때문에 그렇다고 답할 수 있다고 본다. 그렇지만 그는 이러한 답에 유의할 점이 있다고 지적한다. 이것이 다음 절의 논의 내용이다.

2. 이성과 윤리

'인간은 왜 보편적 관점에서 윤리적 선악을 따져 행위를 해야 하는가?'라는 질문에 대한 하나의 대답은 그것이 합리적이기 때문이라는 것이다. 즉 **인간은 합리적이기에 도덕적이어야 한다**는 것이다. 이러한 주장은 대강 다음과 같은 방식으로 진술된다. 이치를 따지는 인간은 합리적이어야 하는데, 합리적인 것은 보편타당한 것이기에, 인간이 보편적 관점에서 윤리적 선악을 따져 행위해야 하는 이유는 인간이 이치를 따지는 합리적인 존재이기 때문이라는 것이다.

하지만 싱어는 이러한 주장에, 제한된 의미의 **논리적 보편타당성**으로부터 확대된 의미의 **윤리적 보편타당성**으로의, 비약이 포함되어 있다고 지적한다. 이러한 차이는 '특정인 X에게 이익이 되는 일을 하라'와 '각자에게 이익이 되는 일을 하라'는 두 명제를 비교해 보면 나타난다.

전자는 후자와 달리 보편화될 수 없다. 왜냐하면 'X'라고 하는 특정한 인물에 대한 언급이 있기 때문이고, 그래서 후자와 같이 중립적으로 보편화할 수 없기 때문이다. 하지만 전자가 비합리적인가를 따져 보면 순수하게 이기주의적인 사람에게는 합리적인 언명이다. 중요한 계약을 위해서 경쟁하는 두 사업가나, 전쟁터에서 만난 두 병사, 공을 다투는 두 축구선수 등에게 이는 윤리적이지는 않지만 합리적인 언명이다.

이렇게 보면 합리적인 것과 윤리적인 것 사이에는 상당한 차이가 있다. 앞의 전자와 후자의 비교에서 드러난 것처럼, **합리적이면서 윤리적인 것과 합리적이면서 반윤리적인 것**이 모두 가능하기 때문이다. 그러하기 때문에 합리적이기에 윤리적이어야 한다고 주장하는 것은 논리적 비약을 포함한다.

싱어는 사정이 이러한 까닭을 흄David Hume의 주장을 들어 설명하고 있다. 흄에 따르면 이성은 오직 수단에만 적용될 뿐 목적에는 적용되지 않는다. 왜냐하면 목적은 우리의 필요와 요구에 의해서 주어질 수밖에 없기 때문이다. 이성과 윤리를 연계시키려고 한다면 이러한 흄의 주장을 반박할 수 있어야 하는데 이는 이제까지 가능하지 않았다.

네이글Thomas Nagel은 이럼에도 불구하고 목적의 합리성을 주장했다. 그는 우리가 합리적인 존재이기 때문에 지금의 나의 이익뿐만 아니라 미래시점의 나의 이익도 합리적으로 고려하여야 하며 이러한 장기적 고려라는 차원에서 목적은 합리적이어야 한다고 주장하였다. 싱어는 목적에 이러한 점이 없는 것은 아니나 다른 점도 있다고 지적한다.

특히 네이글은 이러한 시점을 각각의 개인으로 치환함으로써 이타주의의 가능성을 옹호하였는데, 싱어는 시즈위크

Henry Sidgwick의 견해를 인용하면서 자아와 타아의 차이점을 흐리게 하는 네이글의 논변이 적합하지 못함을 지적한다. 이를 네이글의 애초의 논의에 되돌려 보면 현재와 미래 시점의 차이를 무시하는 네이글의 타산이라는 합리성rationality of prudence도 의심을 받게 된다.

그래서 싱어는 이렇게 말한다. "합리적으로 행위하는 것이 도덕적으로 행위하는 것임을 보이고자 하는 시도에 장애가 되는 것은 흄의 실천이성에 대한 견해뿐만이 아니다. 상식적으로 알 수 있는 자아와 타아 간의 차이를 뛰어넘을 수 있는 길을 찾아내야만, 합리적으로 행위하는 것이 도덕적으로 행위하는 것임을 입증하는 데 놓여 있는 걸림돌을 뒤엎을 수 있을 것이다. 전체적으로 볼 때 이들은 만만찮은 장애물들이며, 이들을 극복할 수 있는 방법은 없다고 나는 알고 있다."(282)

3. 윤리와 자기이익

앞 절의 논리가 인간이 합리적이기에 도덕적이어야 한

다는 주장이라면 이 절의 논리는 **인간이 도덕적이라면 합리적이어야 한다**는 주장이다. '인간은 왜 보편적 관점에서 윤리적 선악을 따져 행위해야 하는가?'라는 질문에 대한 다른 한 대답은 그것이 목적으로 하는 윤리적 선을, 다시 말해 이익을 산출하기 때문이다. 즉 그 결과가 합리적이기 때문이다.

물론 의무론자들은 이러한 주장에 즉각 반박할 것이다. 이러한 결과론적인 타산적 행위는 윤리적 행위가 될 수 없다고 그들은 생각하기 때문이다. 이러한 입장의 대변자로 싱어가 인용하는 브래들리F. H. Bradley는 이렇게 말한다. "덕 그 자체를 사랑하지 않는 사람에게 덕의 쾌락을 이유로 덕을 추천할 결심을 할 때, 우리는 도덕적 관점을 포기하는 것이며 덕을 비하시키고 매매하는 것임을 기억하는 것이 좋을 것이다."(283) 이러할 때 덕의 쾌락은 바로 자기이익일 것이다.

하지만 결과론자들은 이러한 반론에 대하여 재반론을 전개할 수 있다. 윤리는 사회적 이익을 높여 주는 도구이고, 윤리는 자기이익과 무관하게 사회적 이익에 봉사하도록 유도하며, 이는 궁극적으로 사회의 구성원 모두의 자기이익이 된다. 이런 의미로 윤리는 개인에게 사회적 이익을 추구할 동기를 부여하는 수단이다.

의무론자들은 이러한 재반론에서 윤리가 수단이라는 점을 지적하며 재재반론을 전개할 것이다. 그들은 그것이 자기이익이 아니라 사회적 이익 즉 공익에 기여한다고 하더라도 윤리는 그 자체로 존중되어야 할 덕목이지 어떤 것의 수단으로 존중되어야 할 덕목은 아니라고 지적할 것이다.

결과론자인 싱어는, 의무론자들의 주장이 가지는 사회적 유용성이 크다고 하더라도, 그것은 일종의 **신용사기**라고 지적한다. 오직 옳다는 이유만으로 어떤 일을 하는 것은 사실은 이유에 대한 제대로 된 고려 없이 행위하는 것이라고 보기 때문이다. 이렇게 행위하는 것은 자신이 성스럽다고 생각하는 책의 가르침에 따라 행위하는 것과 어떤 의미에서 다를 바가 없다.

싱어는 이러한 자신의 입장을 동기론자들과 절충하는데, 이를 위하여 그는 헤어R. M. Hare의 직관적 사고intuitive thinking와 비판적 사고critical thinking라는 구분을 응용한다.

헤어는 우리가 실제로 행위할 때는 모든 경우를 일일이 따져 볼 수 없기 때문에 과거에 수립된 원칙에 따라서 직관적으로 행위하지만, 이러한 과거의 원칙에 대하여 회의를 가질 때는 원칙에 대한 비판적 사고를 수행하여 행위한다고 지적하였다.

그래서 그는 우리의 윤리적 행위가 일상적으로는 의무론자들과 같은 형태 즉 직관적 형태를 취하고 있기는 하지만, 반성적인 윤리학의 논의에서는 즉 비판적 논의에서는 우리가 윤리적 행위를 해야 할 이유를 가져야만 한다고 주장한다.

싱어가 이 장에서 하고자 하는 일은 바로 이렇게 비판적 수준에서 윤리적 행위의 이유를 논의하는 것이다. 그는 의무론자들을 포함하여 많은 철학자들이 실제로 이러한 작업을 해 왔음을 지적하면서, 우리는 과거처럼 **종교**적인 입장을 취할 수도 없고 오늘날 유행하는 것처럼 **심리학**에 이를 맡겨 놓을 수도 없기 때문에 **철학자**들이 이 문제를 다루어야 한다고 주장한다.

윤리에 대한 이러한 철학적 접근들에는 인간의 본성에

따르는 행복을 성취하기 위하여 윤리적으로 살아야 한다는 주장도 있다. 이러한 주장들은 인간의 본성이 충족되어야 행복을 느낄 수가 있는데 윤리는 이러한 인간의 본성을 충족시키는 방향으로 행위하도록 유도하기 때문에 윤리적인 삶을 통하여 행복을 느낄 수 있다고 주장한다.

싱어는 이러한 주장들이 여전히 가설적인 수준이며 다양한 인간 본성을 고려할 때 어떤 특정한 본성을 기준으로 일반화할 수 없으리라고 생각한다. 자비심이나 죄책감이나 정직함이나 자아실현의 욕구 등에서 어느 하나만으로 윤리를 정당화할 수 없을 것이라는 주장이다. 그는 하나의 반례로 정신병자를 든다. 그들은 우리가 생각하는 유의미한 인간본성에 반하여 행위하면서도 행복을 느낀다.

싱어는 이러한 반례를 제시하고 다시 이러한 반례에 대하여 반박하는데, 그는 클럭크리Hervey Cleckley의 정신병자들에 대한 연구를 인용하며, 정신병자들과 일반인들과의 차이가 전자가 순간에 충실하게 즉 **단기적인 의미**에 맞추어 살아가는 데에 반하여 후자는 어느 정도의 **장기적인 의미**에 충실하여 살아간다는 차이가 있다고 지적한다. 그리하여 그는 우리의 삶이 의미가 있는가라는 물음으로 우리를 인도한다.

싱어는 이렇게 말한다. "이제 도덕적으로 행동해야 할 이유에 대한 우리의 탐구는 우리로 하여금 종종 철학의 궁극적인 문제라고 간주되는 물음에 다다르게 한다."(292)

4. 삶은 의미를 가지는가?

과거에 서구인들은 신앙을 통해서 삶의 의미를 추구했다. 하지만 교회의 세례와 더불어 자연과학의 세례를 받은 서구인들은 이제 더 이상 이렇게 의미를 추구하기는 어렵게 되었다. 그들은 진화론을 따라 자신들이 우연히 창조되어 진화되었다고 생각하기 때문이다. 하지만 이렇게 보더라도 인간은 이제 목적을 가질 수 있는 존재로 진화되었다. 실존주의는 개인이 이렇게 자신의 목적을, 즉 의미를, 개인적으로 수립해야 한다고 지적한다.

싱어는 행복과 관련하여 쾌락주의의 역설the paradox of hedonism이, 즉 쾌락을 추구하는 자는 종종 쾌락에 이르지 못하지만 어떤 목표를 추구하는 자는 그 목표 달성의 부산물로서 쾌락을 얻게 된다는 주장이, 경험적 확정을 결여하고 있는 하나의 가설임에도 불구하고, 우리의 일상적 관찰과 일치하며, 목적적 존재로 진화해 온 우리의 본성과 일치한다고 지적한다.

싱어는 **정신병자**들과 **일반인**들의 차이가 바로 이러한 점에 있다고 생각한다. 정신병자들은 순간순간의 쾌락을 추구하지만, 일반인들은 특정한 목적을 추구하고 그 목적을 달성함으로써 행복감과 충족감을 얻는다는 것이다. 진화론적 맥락에서 이러한 행복은 우리의 성취에 대한 내적 보상이다.

정신병자들은 물론 동의하지 않겠지만, 사변적으로라도 정상인으로서 우리가 정신병자와 같지 않다고 주장하려면, 내적으로 현재 순간의 쾌락을 추구하는 정신병자와 달리 우리는 외적으로 보다 장기적으로 보다 포괄적인 어떤 것을 추구하고 있음을 인정해야 한다. 그러나 싱어는 정상인도 두 종류로 구분할 수 있다고 지적한다.

그 한 종류는 **타산적 이기주의자**이다. 타산적 이기주의자는 목표추구의 과정에서 행복을 얻을 수 있다. 그리고 이러한 행복을 연장하기 위하여 애초의 목표가 달성되면 새로운 목표를 추구한다. 그렇게 함으로써 죽음에 이르기까지 목표추구를 지속한다.

다른 한 종류는 윤리적 관점을 채택하는 것이다. 타산적 이기주의자, 타산적 소아주의자에 대립한다는 의미로 타산적 이타주의자, **타산적 대아주의자**라는 표현을 사용할 수도 있을 것이다. 싱어에 따르면 자신의 존재성질과 존재목표에 대한 자의식과 반성을 포함하는 넓은 의미의 합리성을 추구하게 되면 자신보다 더 넓은 관심사를 자신의 목표로 삼을 수 있다. 그는 이기주의가 합리적인 것처럼 이와 같은 우주적 관점도 합리적이라고 지적하고 있다. 윤리적 관점이란 바로 이와 같은 우주적 관점이라고 싱어는 주장한다.

우리는 삶에서 다양한 관점을 취할 수 있다. 사이코패스와 같은 삶을 살 수도 있고, 타산적 이기주의자의 삶을 살 수도 있고, 자신보다 더 큰 것을 추구하는 윤리적인 삶을 살 수도 있다. 사실 이러한 다양한 삶의 방식에는 비합리적인 것이 없다. 그러나 싱어는 결국 충분한 자의식과 반성을 가진 사람이라면 윤리적 관점을 취할 수밖에 없을 것이라고 주장한다.

그래서 싱어는 이렇게 말한다. "'왜 도덕적으로 행위해야 하는가?'라는 물음에는, 모든 사람에게 도덕적으로 행위해야 할 압도적인 이유를 제시할 그러한 답이 주어질 수 없다. 윤리적으로 옹호할 수 없는 행위가 언제나 비합리적인 것은 아니다. 윤리적 기준들에 대한 심각한 위반에 대항할 추가적인 이유를 제시하기 위해서는 아마도 법의 제재나 사회적 압력을 언제나 필요로 할 것이다. 반면에 이 장에서 다룬 물음을 물을 수 있을 정도로 충분히 반성적인 사람은, 윤리적 관점을 취할 이유를 가장 잘 이해할 사람일 것이다."(297)

10장의 주요 내용

1. '왜 우리가 합리적이어야 하는가?'라는 질문은 합당하지 못하다. 왜냐하면 이 질문은 합리적이어야 할 합리적인 이유를 물음으로써 전제되어 있는 것을 묻고 있기 때문이다. 하지만 '왜 우리가 윤리적이어야 하는가?'라는 물음은 윤리적이어야 할 윤리적인 이유를 묻고 있는 것이 아니다. 그것은 윤리적이어야 할 합리적인 이유를 묻고 있다.
2. 이러한 질문에 대하여 인간은 합리적이기 때문이라고 답할 경우 논리적 합리성과 윤리적 합리성을 구분하지 않은 오류를 범하게 된다. 논리적 합리성과 윤리적 합리성은 다를 수 있기 때문이다. 이기주의자의 합리성은 논리적 합리성이지만 윤리적 합리성은 아니다. 윤리적 합리성은 논리에 따르는 합리성이 아니라 보편적 이익이라는 윤리적 목적에 따르는 합리성이다.

3. 이러한 질문에 대하여 인간은 행복을 추구하는데, 윤리적 합리성을 충족시킬 때 인간은 행복해지기 때문이라고 답할 수도 있다. 윤리적 행위를 통하여 어떤 이득을 얻기에 윤리적 행위를 추구한다면 의무론자들은 이를 배격할 것이다. 하지만 싱어는 이러한 의무론자들은 신앙인과 같다고 보며, 의미추구를 통한 행복과 같은 결과를 통한 윤리적 합리화가 있어야 한다고 본다.
4. 하지만 행복하기 위하여 윤리적 합리성을 추구해야 한다고 주장하면, 정신병자들은 윤리적 합리성을 충족시키지 않고도 행복을 느낀다는 반론을 받을 수 있다. 윤리적 합리성을 정당화하는 말끔한 논리는 없지만, 인간의 선택지들 중의 하나로 윤리적 합리성 즉 자신보다 더 큰 것을 추구하는 삶을 살 수도 있다. 물론 마찬가지로 타산적 이기주의자나 정신병자의 삶도 가능하다.

Peter
SINGER